KB204018

말씀, 그리고 사색과 결단 4

●

믿음이란 한 알의 밀알이 땅에 떨어져 죽음으로 많은 열매를 맺음과 같이
진리의 열매를 위하여 스스로 죽는 것을 뜻합니다. 눈으로 볼 수는 없으나
영원히 살아 있는 진리와 목숨을 맞바꾸는 자들을 우리는 믿는 이라고 부릅니다.
「믿음의 글들」은 평생, 혹은 가장 귀한 순간에 진리를 위하여 죽거나 죽기를 결단하는
참 믿는 이들의, 참 믿는 이들을 위한, 참 믿음의 글들입니다.

말씀, 그리고 사색과 결단 4

이재철

참된 교회에 대하여

홍성사.

일러두기

_ 〈말씀, 그리고 사색과 결단〉 시리즈는 한 교회를 위해 선포된 메시지를 이어 펴낸 것으로, 일부만 편집된 영상들로 인해 말씀이 왜곡되어 전해지지 않도록 전문(全文)을 담아 출간하고 있다.
_ 이 책은 2022년 1월 7일부터 9일까지 울산더함교회 말씀 사경회에서 전한 말씀을 엮은 것이다.
_ '머리말을 대신하여'는 본문에서 편집자가 발췌하였다.

머리말을 대신하여

인간의 역사에는 두 줄기 흐름이 있습니다. 한 줄기 흐름은 소돔의 흐름입니다. 지금 이 시대도 마찬가지입니다. 소돔의 흐름은 항상 화려해 보입니다. 멋집니다. 그 속에는 환락이 있습니다. 쾌락이 있습니다. 번영이 있습니다. 그러나 그 흐름을 좇아가다 보면 마지막은 파멸입니다. 또 하나의 흐름은 헤브론의 흐름입니다. 미천해 보입니다. 보잘것없어 보입니다. 별 볼일 없어 보입니다. 그러나 그 종말에 가면 평화의 터전이 일구어지고 하나님과 영원한 관계가 확립됩니다. 여러분은 지금 어느 흐름을 타고 있습니까?

차례

여섯째 달에 천사 가브리엘이 하나님의 보내심을 받아 갈릴리 나사렛이란 동네에 가서 다윗의 자손 요셉이라 하는 사람과 약혼한 처녀에게 이르니 그 처녀의 이름은 마리아라 그에게 들어가 이르되 은혜를 받은 자여 평안할지어다 주께서 너와 함께 하시도다 하니 처녀가 그 말을 듣고 놀라 이런 인사가 어찌함인가 생각하매 천사가 이르되 마리아여 무서워하지 말라 네가 하나님께 은혜를 입었느니라 보라 네가 잉태하여 아들을 낳으리니 그 이름을 예수라 하라 그가 큰 자가 되고 지극히 높으신 이의 아들이라 일컬어질 것이요

주 하나님께서 그 조상 다윗의 왕위를 그에게 주시리니 영원히 야곱의 집을 왕으로 다스리실 것이며 그 나라가 무궁하리라 마리아가 천사에게 말하되 나는 남자를 알지 못하니 어찌 이 일이 있으리이까 천사가 대답하여 이르되 성령이 네게 임하시고 지극히 높으신 이의 능력이 너를 덮으시리니 이러므로 나실 바 거룩한 이는 하나님의 아들이라 일컬어지리라 보라 네 친족 엘리사벳도 늙어서 아들을 배었느니라 본래 임신하지 못한다고 알려진 이가 이미 여섯 달이 되었나니 대저 하나님의 모든 말씀은 능하지 못하심이 없느니라 마리아가 이르되 주의 여종이오니 말씀대로 내게 이루어지이다 하매 천사가 떠나가니라(눅 1:26-38)

1

참된 교회의 크기는?

만 2년 전에 제가 울산연포교회에서 집회를 가졌습니다. 딱 이맘때쯤이었습니다. 그때 한 젊은 목사님이 연포교회 집회 장소로 저를 찾아오셨습니다. 그리고 이런 요지로 제게 말씀하셨습니다. "목사님. 저희 교회는 교인이 몇 명 되지 않는 아주 작은 교회입니다. 그래서 이름난 강사를 모시고 집회를 할 수도 없습니다. 부디 목사님께서 저희 작은 교회에 한 번만 와주십시오." 일면식도 없는 제게 찾아와서, 교인들을 위해서 요청하시는 젊은 목사님의 진정성과 순수한 열정이 제 마음을 움직였습니다. 2년 후 신년 첫째 주간에 사흘 동안 집회를 하기로 약속을 했습니다. 그 젊은 목사님이 바로 여러분의 담임목사님 정호도 목사님입니다.

"우리 교회는 교인 수가 얼마 되지 않는 작은 교회입니다"라고 말씀하실 때 그 말이 제 마음을 굉장히 아리게 했습니다. 그래서 여러분들 눈을 들여다보면서 이 말씀을 꼭 드리기 위해 오늘 이 자리에 섰습니다. 참된 교회에 크고 작은 교회가 따로 있겠습니까? 사람들은 교인 숫자를 따집니다. 교인의 머릿수를 따져서 '큰 교회', '작은 교회'로 나눕니다. 그러나 그것은 교회의 외형에 국한된 것입니다. 오히려 교회의 외형이 클수록, 교인 숫자가 외형적으로 많을수록 참된 교회와는 거리가 먼 것이 한국 교회의 현실입니다. 참된 교회는 교인의 수를 따지지 않습니다.

돈으로 살 수도 없고, 가격을 헤아릴 수도 없는 세계 최고의 명화로 알려진 그림이 프랑스 파리 루브르 박물관에 걸려 있습니다. 여러분이 잘 아시는 〈모나리자〉입니다. '모나'(Monna)는 이탈리아어로 결혼한 유부녀를 가리키는 경칭입니다. 이를테면 '부인'이라는 말입니다. 프랑스 말로는 '마담'(madame)이 되겠습니다. 영어로는 '레이디'(lady)입니다. 그 뒤에 '리자'(Lisa), 이탈리아 발음으로 '리사'는 여자 이름인데 본래 가난한 농부의 딸이었습니다. 그러다가 상처(喪妻)한 남자 조콘다에게 시집을 갔습니다. 조콘다는 가난한 농부의 딸인 리사를 아내로 맞은 다음부터 가세가 일어서기 시작했습니다. 자기 아내로 인해서 얻은 것이 너무너무 많아졌고, 아내 때문에 이렇게 행복해졌다는 것을 보여 주기 위해서 당대 최고의 화가 레오나르도 다빈치를 집에 불러서 아내를 그리게 했습니다. 모나리자, 리사 부인입니다. 우리나라 말로 '리사 부인', 프랑스어로는 '마담 리사'(Madame Lisa), 영어로는 '레이디 리사'(Lady Lisa)가 모나리자입니다.

여러분, 이런 상상을 한번 해보십시다. 선진국 프랑스가 국가 재정 위기를 맞았다고 하십시다. 지금 국가가 부도날 상황입니다. 그때 국가 재정이 탄탄한 미국이나 독일, 영국이 우리가 빚을 다 갚아 줄 테니 〈모나리자〉를 달라고 한다면 프랑스가 응하겠습니까? 절대로 응하지 않을 것입니다. 고리대금을 감수하면서 국제통화기금(IMF)에 구제금융을 신청할지언정, 〈모나리자〉를 팔아서 경제 위기를 벗어나려고 생각하지 않을 것입니다.

여기 두 미술관이 있다고 다시 가정을 해보십시다. 한쪽 미술관에는 세계적으로 유명한 화가들의 그림이 소장되어 있습니다. 이쪽 미술관에는 세계적이지 않은 미술가들의 그림이 전시되어 있습니다. 그런데 그중에 〈모나리자〉가 전시되어 있습니다. 어느 미술관을 더 위대한 미술관, 더 귀한 미술관으로 치겠습니까? 두말할 것도 없이 모나리자가 있는 미술관을 더 좋은 미술관으로 칠 것입니다. 루브르 박물관에 전시되어 있는 작품을 다 보기 위해서는 여러 날이 걸립니다. 그래서 대개는 들어가서 중요한 것만 봅니다. 루브르 박물관에 가보신 분은 아시겠습니다마는 어느 입구로 들어가든지 안내판이 붙어 있습니다. "〈모나리자〉를 보려면 이 방으로 가세요." 루브르에서 제일 중요한 작품인 것입니다.

1년여 전에 제 처와 집에서 점심을 먹으면서 티브이를 켰는데 마침 루브르 박물관 특집 방송을 하고 있었습니다. 그 프로그램을 보던 제 처가 루브르 박물관에 방탄유리가 설치되기 전에 〈모나리자〉를 보아서 참 다행이었다고, 그렇게 작은 그림인지 깜짝 놀랐다고 말했습니다.

저는 1972년도에 〈모나리자〉를 처음 보았습니다. 그때는

〈모나리자〉가 높은 곳에 전시되어 있었습니다. 그래서 관람객들이 고개를 들고 올려다보았습니다. 그림의 섬세함을 자세히 볼 수가 없었습니다. 1998년도에 저는 제네바한인교회를 섬겼습니다. 그해 겨울방학 때 제 처가 아이들을 데리고 제네바로 왔습니다. 제네바에서 파리는 한 400여 킬로미터 됩니다. 함께 루브르에 갔습니다. 가보았더니 높은 데 전시되어 있던 그림이 눈높이에 있는 겁니다. 키가 큰 사람은 바로 앞에 가서 그 그림을 볼 수 있었습니다. 다만 이 중요한 작품을 이런 높이에 걸어 두면 혹시라도 훼손 사건이 일어나지 않을지 걱정이 되었습니다.

제가 2001년도에 한국으로 돌아올 때 제 처가 짐을 싸주러 왔길래 마지막으로 루브르에 가서 한 번 더 보았습니다. 그때는 위치는 같은데 그림 위에 방탄유리가 설치되어 있었습니다. 그 기간 동안에 훼손 시도가 있었는지는 확실히 모르겠습니다.

세 가지 미신의 예

여러분, 〈모나리자〉 그림이 어느 정도 크기라고 생각하십니까? 가로 53센티미터, 세로 77센티미터가 실제 크기입니다. 루브르 박물관에 걸려 있는 수많은 그림 가운데 가장 작은 그림에 속합니다. 독보적인 세계적 명화로 입에 오르내리는 까닭이 절대로 그 크기에 있지 않습니다. 그림이 커서 유일무이한 명화가 절대 아닙니다. 크기는 루브르 박물관에 걸려 있는 그림 가운데 작은 그림에 속하지만, 화폭에 담긴 그림 자체가 누구도 흉내 낼 수 없는 독보적인 작품이기에 세계적 명화로 꼽히는 것입니다.

교회도 똑같습니다. 여러분, 만약 교인이 많은 교회가 참된 교회라고 말한다면 울산더함교회는 참된 교회와는 거리가 멀 것입니다. 교인 수가 적어서 참된 교회가 되지 못한다면 울산더함교회 여러분들이 누리는 구원은 대형교회 교인들이 누리는 구원보다 열등한 구원일 것이고, 여러분의 믿음은 대형교회 교인들의 믿음에 못 미치는 믿음 아니겠습니까? 결코 그렇지 않습니다. 교회는 건물이나 제도가 아니라 주님을 믿는 사람들의 모임입니다. 그러므로 그 모인 사람들이 참된 믿음의 소유자라면, 진짜 예수쟁이라면 사람 수와 상관없이 그 교회는 참된 교회입니다. 그러나 교인이 아무리 많이 모이는 교회라 할지라도 그 사람들이 예수 그리스도만을 믿는 참된 믿음을 지니지 못했다면 그 교회는 참된 교회와 거리가 먼 교회입니다.

그러면 '참된 믿음'은 어떤 믿음을 뜻하겠습니까? 몇 가지 예를 들어 보겠습니다. 첫 번째 예입니다. 예루살렘에 가면 통곡의 벽이 있습니다. 예루살렘 성전이 자리 잡고 있던 서쪽 아래쪽 벽 일부입니다. 유대인들은 사람이 손으로 만든 그 예루살렘 성전을 하나님처럼 여겼습니다. 성전 자체가 하나님인 것입니다. 신성시한 것입니다. 예수님의 제자들 역시 유대인들이었고 예루살렘 성전은 신성하다고 생각했습니다. 어느 날 제자들이 예수님과 함께 예루살렘에 올라갔다가 예루살렘 성전을 봅니다. 갈릴리 촌사람들이 하나님과 동일시되는 웅장한 성전을 보고 깜짝 놀라서 찬탄을 금치 못했습니다. 그때 예수님께서 이렇게 말씀하십니다.

—— 대답하여 이르시되 너희가 이 모든 것을 보지 못하느냐 내가 진실로 너희에게 이르노니 돌 하나도 돌 위에 남지 않고 다 무너뜨려지리라

(마 24:2)

사람의 손으로 지은 이 성전을 하나님으로 여기지만, 때가 되면 이 돌집은 다 무너지는데 돌 위에 돌 하나도 남지 않고 초토화된다고 하십니다. 예수님의 말씀은 나중에 로마 황제가 된 티투스 장군이 주후 70년에 예루살렘을 침공함으로써 현실화되었습니다. 티투스 장군은 예루살렘 성전을 돌 위에 돌 하나도 남지 않게 초토화시켰습니다. 그리고 서쪽에 있던 축대 벽만 남겨 두었습니다. 일설에 의하면 대로마 제국에 대항하는 사람이나 집단은 이렇게 초토화된다는 것을 보여 주기 위해 상징적으로 서쪽 축대만 남겨 뒀다는 것입니다. 그 성전을 기억하던 유대인들은 서쪽 벽을 찾아가서 통곡했습니다. 성전이 없어진 데 대해서, 나라를 잃은 데 대해서, 하나님께서 이스라엘을 회복시켜 주실 것을 고대하면서 울면서 기도했습니다. 그래서 통곡의 벽이라고 이름이 붙었습니다.

통곡의 벽에 가면 전 세계에서 수많은 사람들이 와서 'S' 자로 계속 줄을 이어 가면서 기다립니다. 그러고 자기 차례가 되면 조금이라도 벽 앞으로 가까이 가려고 합니다. 왜 그런지 아십니까? 통곡의 벽 큰 돌과 돌 사이의 틈은 하얗습니다. 옛날 예루살렘 성전이 있던 서쪽 축대 벽에 가서 기도문을 꽂으면 하나님께서 잘 들어주신다고 믿는 것입니다. 사람들이 다 거기에 가서 기도문을 꽂으니까 키가 닿지 않는 곳은 더 이상 꽂을 수가 없지 않습니까? 사다리를 대여해 주는 사람이 있습니다. 사다리를 빌려 타고 올라가서 높은 데 꽂게 해주는 겁니다.

직접 찾아오지 못하는 사람들을 위해서 예전에는 돈을 받고 팩스 대행을 해주는 업체가 있었습니다. 팩스로 기도문을 보내면 출력한 종이를 말아서 통곡의 벽 사이에 꽂아 주는 겁니다. 지금은 이메일 대행업체가 생겼습니다. 이메일로 기도문을 보내면 그 사람이 기도문을 출력해서 꽂아 주는 겁니다.

두 번째 예입니다. 에베소에 가면 '잠든 일곱 명의 동굴'이 있습니다. 네로 박해 시대와 그 이후에 수많은 기독교인들이 잡혀가서 화형을 당하고 맹수들의 밥이 될 때 일곱 명의 그리스도인들이 박해를 피해서 에베소에 있는 동굴 속으로 숨어들어 간 겁니다. 그리고 이 사람들이 거기에서 잡니다. 자고 일어나서 나오니까 수백 년이 지난 겁니다. 자기들은 그대로인데 나오니까 수백 년의 세월이 지나간 것입니다. 박해 시대가 끝나고 기독교가 공인되어 있는 겁니다. 그러니까 세상 사람들이 볼 때에 얼마나 신비롭겠습니까? 수백 년 전에 죽어야 될 사람들이 자러 들어갔던 모습 그대로 나왔단 말입니다.

소문이 얼마나 빠르게 퍼졌던지 로마 황제 테오도시우스에게 소문이 전해졌습니다. 그래서 그 일곱 명에게 모든 것을 입체적으로 확인했습니다. 그들이 동굴에 들어갈 때 세상이 어떠했는가, 통치자가 누구였는가, 에베소에는 뭐가 있었는가 확인했는데 다 맞았습니다. 그래서 이 사람들은 동굴에 들어가서 죽었는데 주님께서 부활시켜서 세상에 나왔다고 황제가 공인을 해주었습니다.

그 이후부터 동굴 근처 땅값이 오르기 시작했습니다. 동굴이 신성한 동굴이 된 겁니다. 저 동굴 근처에서 살면 이 세상에서 죽지 않고 영원히 산다고 소문이 퍼지기 시작한 것입니다. 당시 각지에서 부자들이 와서 집을 지으려고 하니까 땅값이 천정부지로 오르기 시작했습니다. 지금도 그 동굴에 가면 들어갈 수 없도록 철조망이 쳐져 있습니다.

예루살렘 통곡의 벽은 경비원들이 있으니까 기도문 종이만 꽂을 수 있습니다. 그런데 이 철조망에는 종이뿐만 아니라 휴지,

심지어 비닐봉지까지 걸려 있습니다. 그 자리가 그렇게 신성하고 기도 응답이 잘 되는 곳인 줄 모르고 메모지를 안 가져간 겁니다. 그런 사람들은 과일 넣어 갔던 비닐봉지에 기도문을 써서 매달아 놓는 겁니다. 그것마저 없다면 휴지를 뽑아서 기도문을 써서 매답니다. 온 철조망이 메모지, 휴지, 비닐투성이입니다.

세 번째 예를 들겠습니다. 에베소에 가면 예수의 어머니 마리아가 살았다는 집이 있습니다. 1878년에 어느 독일 수녀가 마리아가 에베소에서 살았던 산의 위치가 어디인지 계시를 받았다는 겁니다. 그리고 그 주위 환경과 집이 어떠했는지를 종이에 그렸습니다. 그것이 책으로 발간이 되었습니다. 1891년에 나사렛 선교회 신부들이 그 책을 읽고 에베소 산을 뒤지고 다니면서 똑같은 장소가 있는지를 찾아보니까 있더라는 겁니다. 그래서 거기에다가 그 수녀가 책에 그렸던 집을 똑같이 지었습니다. 사람들은 그 집이 예수님의 어머니 마리아가 죽기 전까지 살았던 집이라고 믿었습니다.

요한복음 19장 27절을 보면 예수님께서 십자가에서 돌아가시면서 당신의 어머니를 가리키면서 요한에게 네 어머니라고 말씀하시지 않습니까? 내 어머니를 너에게 부탁한다는 유언입니다. 그래서 요한복음 19장 27절 마지막에 "그 제자가 그날로부터 마리아를 자기 집에 모시니라"라고 되어 있습니다. 사도 요한은 잘 알다시피 요한계시록의 일곱 교회를 목회했던 사람 아닙니까? 요한계시록의 일곱 교회는 튀르키예, 에베소 위주로 있었고, 요한이 마리아를 에베소에서 끝까지 모시다가 마리아가 그곳에서 죽었다는 것이 한 가지 주장입니다.

그런데 예루살렘에도 마리아의 집이 있었습니다. 요한이 마리아를 모시고 예루살렘에 돌아갔다는 것으로, 성경에 없는 내용입니다만 마리아는 예루살렘에서 죽었다는 주장입니다. 이제 논쟁을 벌이는 겁니다. 예루살렘 집과 에베소 집 중에 어느 집이 진짜냐는 논쟁이 왜 붙겠습니까? 돈이 걸려 있기 때문입니다. 예루살렘은 예루살렘대로 마리아의 집이라고 알려진 곳에 엄청난 수의 관광객이 가는 겁니다. 에베소는 에베소대로 엄청난 관광객이 갑니다. 서로가 자기네들이 진짜라고 합니다.

그런데 1961년에 교황이 에베소에 있는 집이 마리아의 집이라고 판정을 내려서 에베소의 집이 공식적 집이 되었습니다. 그 집에 가면 집 아래쪽에 기도를 붙이는 큰 판이 설치되어 있습니다. 거기에 재미있는 경고판이 하나 붙어 있습니다. '절대 껌을 붙이지 마세요'입니다. 메모지가 없는 사람은 비닐도 꽂고, 휴지도 꽂는데 나는 메모지도 없고 비닐도 없고 휴지도 없고 아무것도 없습니다. 그런 사람들은 씹던 껌이라도 붙여야 다음부터 내 기도가 잘 응답되겠다는 것입니다.

여러분, 저 사람이 내 청탁을 들어주면 좋겠는데 잘 들어주지 않을 때 그 사람 어머니를 찾아갑니다. 예수님한테 백 좀 써

달라고 어머니 마리아에게 기도하는 것이 사람의 심리입니다. 그러니까 거기 가서 껌이라도 붙이면 마리아가 예수님한테 뭔가 부탁해 줄 것이라고 생각합니다.

자기 부인과 옥토

제가 지금 세 가지 예를 말씀드렸습니다. 이것이 믿음입니까? 예루살렘 통곡의 벽에 갔을 때는 제가 기독교 여행사에 경비를 지불하고 단체 성지순례 팀을 따라갔습니다. 전부 목사님, 사모님, 장로님, 권사님이었습니다. 그런데 통곡의 벽에 안 꽂는 사람이 없었습니다. 여러분, 이것이 믿음입니까? 그건 미신입니다. 많은 사람들이 미신과 믿음을 혼동합니다. 통곡의 벽 돌 사이에 기도문을 꽂으면 하나님이 기도 잘 들어주신다고 해서 꽂는 것은 미신입니다. 미신은 재물이든 재능이든 내가 가진 무엇으로 하나님을 달래고 얼러서 내 목적을 성취하는 겁니다.

믿음은 하나님 앞에서 내 것을 버리고, '철저하게 나를 쓰시고 싶은 대로 쓰십시오'라고 맡기는 것입니다. 하나님은 내가 얼러서 뭔가 얻어 낼 수 있는 존재가 아닙니다. 하나님 앞에서는 내가 그분에 의해서 다루어져야 합니다.

여러분, 무당을 찾아가서 굿하는 분들을 보십시오. 요즘도 신문을 보면 사업 잘되게 해달라고, 아들 낳게 해달라고 굿을 한다고 합니다. 그런데 굿비가 얼마입니까? 수천만 원입니다. 무당 찾아가서 굿하는 사람들은 교회에서 헌금하는 액수와 비교도 안 되게 많이 냅니다. 목적이 무엇입니까? 무당이 소유하고 있다는 귀신을 돈으로 달래고 얼러서 목적하는 바를 이루려는 것입니다. 그게 미신입니다. 미신을 가리켜 참믿음이라고 하지 않습니다.

오늘날 그리스도인들의 믿음이 그와 다를 바가 있습니까? 교회에 가서 봉사를 하거나, 헌금을 하거나, 성경을 읽거나 무엇을 하든 하나님 마음에 들게 해서 원하는 것을 이루어야겠다고 생각하고 있지 않습니까? 그건 믿음이 아닙니다. 미신과 참믿음의 차이는 자기 부인에 있습니다. 미신은 자기 부인이 없습니다. 자기 강화만 있습니다. 내 욕망, 내 바람, 내 꿈만 이루어지도록 강화합니다. 그러나 믿음은 나를 부인하는 것입니다. 온전히 하나님께서 내 삶을 주관하시도록 나를 철저하게 부인하는 것입니다. 마태복음 16장 24절은 이렇게 말씀하십니다.

— **누구든지 나를 따라오려거든 자기를 부인하고**(마 16:24)

이 말씀을 뒤집으면 무슨 말이 됩니까? 교회 열심히 다니고, 헌금 열심히 하고, 봉사도 많이 하지만 자신을 부인하지 않으면 나를 좇는 게 아니라 나를 이용하려는 것이라는 말씀입니다.

여러분, 마태복음 13장을 보면 씨 뿌리는 자의 비유가 나옵니다. 불어오는 바람에 씨를 뿌렸습니다. 어떤 씨는 길가에 떨어져서 새들이 먹어 버렸습니다. 길가는 사람들이 밟고 다니니까 딱딱해서 흙에 씨가 들어갈 수 없습니다. 어떤 씨는 돌밭에 떨어졌습니다. 싹이 나오는 듯하다가 해가 뜨니까 말라 죽었습니다. 어떤 씨는 가시떨기 밭에 떨어졌습니다. 싹이 나오다가 가시떨기 기운에 막혀서 죽어 버렸습니다. 오직 옥토에 떨어진 씨만 30배, 60배, 100배의 결실을 했습니다. 길가, 돌짝밭, 가시떨기 밭과 결실한 옥토의 차이가 무엇입니까? 자기 부인입니다. 앞의 세 곳은 자기 부인이 없습니다. 나는 길이니까 딱딱하게 살 거라고 합니다. 난 돌짝밭이니까 돌 하나도 치우지 말라고 합니다. 난 가시떨기 밭이니까 가시 뽑지 말라고 합니다. 자기 살고 싶은 대로 사는 겁니다.

옥토는 어떤 곳입니까? 창세 이래 처음부터 옥토는 없습니다. 자기 부인을 통과한 땅이 옥토입니다. 땅을 뒤집어엎습니다. 거기에 있는 돌을 다 골라냅니다. 나무뿌리가 박혀 있으면 아무리 깊더라도 뽑아냅니다. 이처럼 제할 것을 다 제하고 자기 부인을 거치고 나서 남은 것이 옥토입니다. 옥토만이 자연의 법칙을 따를 수 있습니다. 씨를 뿌리면 옥토가 씨를 먹습니다. 그리고 싹이 나고 열매가 맺는 자연의 법칙을 충실하게 이행합니다. 참된 교인도 자기 부인을 선행하는 사람입니다. 왜입니까? 자기 부인을 행하는 사람만이 하나님의 말씀에 순종할 수 있기 때문입니다. 하나님의 말씀에 순종한다는 것 자체가 자기를 부인하는 것입니다. 이것은 서로 맞물려 있습니다. 자기를 부인하는 사람이 하나님 말씀에 순종할 수 있고, 하나님의 말씀에 순종한다는 것은 그 사람에게 자기 부인이 선행되어 있기 때문입니다.

내 욕심대로 살고 싶은데, 내 죄성이 요구하는 대로 살고 싶은데 그걸 따라가서는 하나님 말씀에 절대로 순종하지 못합니다. 땅을 갈아엎듯 죄성과 내 욕망을 전부 뒤집어엎어서 부인함으로써 하나님의 말씀에 순종하는, 하나님의 법칙을 좇는 하나님의 자녀가 될 수 있는 것입니다.

오늘 본문이 그 좋은 예를 우리에게 보여 주고 있습니다. 누가복음 1장 26절부터 38절입니다.

—— **여섯째 달에 천사 가브리엘이 하나님의 보내심을 받아 갈릴리 나사렛이란 동네에 가서**(눅 1:26)

이 여섯째 달은 마리아의 친족 엘리사벳이 임신한 지 여섯째 되는 달입니다. 엘리사벳이 잉태했던 생명이 나중에 세례 요한이 되었습니다. 그러니까 세례 요한과 예수님은 친척 간입니다.

우리에게 임한 그 은혜

여러분, 천사 가브리엘이 하나님의 보내심을 받았을 때 예루살렘 부촌으로 가지 않았습니다. 이스라엘 전체를 놓고 볼 때 변방 갈릴리는 빈민들이 사는 곳입니다. 그런데 갈릴리 중에서도 나사렛은 해발 375미터의 산악 지대입니다. 제가 사는 거창군 마을은 해발 560미터인데 500년 전에 창녕 성씨가 와서 마을을 일군 것으로 전해집니다. 그분의 성이 성씨라는 것 이외에는 아무것도 모릅니다. 500년 전에 자동차가 없습니다. 기차도 없습니다. 그런데 거창 북단 이곳 해발 560미터를 올라가서 아무것도 없는 산골짜기에 산다면 뭔가 곡절이 있는 분입니다. 평지에는 살 수 없는 분이었습니다. 그래서 산속에 산 것입니다. 2천 년 전에 갈릴리 평지에 사는 사람도 빈민이지만 그 가운데에서도 해발 375미터를 올라가서 살았다면 다 곡절이 있는 사람들입니다.

375미터면 얼마나 높은지 아십니까? 제가 울산의 산들은 전혀 정보가 없기 때문에 서울 남산을 비유로 말씀드리겠습니다. 서울 남산은 서울 한가운데 있는 제일 높은 산인데 그 높이가 247미터밖에 안 됩니다. 나사렛은 375미터입니다. 그러면 1.5배입니다. 2천 년 전에 그 높은 산에서 사는 사람들이면 기가 막힌 사람들입니다. 그 기막힌 달동네 빈민들 중에서도 빈민들이 사는 촌에 천사가 나타났습니다.

—— **다윗의 자손 요셉이라 하는 사람과 약혼한 처녀에게 이르니 그 처녀의 이름은 마리아라**(27절)

마리아는 요셉과 약혼한 사이였습니다. 요셉의 직업은 목수였습니다. 성화를 보거나 주일학교 공과 책을 보면 요셉이 목공소에서 대패질하는 그림이 나옵니다. 거의 대동소이합니다. 일본의 가톨릭 신자인 엔도 슈사쿠가 갈릴리를 찾아가서 옛날 문헌을 뒤지고 조사를 한 결과, 2천 년 전에 갈릴리, 특히 375미터 산악 지대에는 요셉이 대패질을 하는 그런 목공소가 없었다는 것입니다. 그 가난한 동네에 어떻게 목공소가 있겠습니까?

연세 드신 분들 중에 구두 닦는 소년들이 구두 통 메고 다니던 것을 기억하는 분들이 계실 것입니다. 조그만 나무 상자를 어깨에 메고 "구두 닦으세요" 하고 다니는데, 그 상자에는 구두약이 들어 있습니다. 옛날 갈릴리 지방 나사렛 목공들은 구두 닦기 소년처럼 목공 통을 메고 동네마다 다니면서 "가구 고치세요" 이러고 다녔다는 겁니다. 문이 떨어지거나 삐뚤어지거나 부서지거나 하면 목공통을 메고 가서 망치질을 해주고 일당 받아서 살던 사람이었다는 겁니다. 그 가난한 목수와 약혼한 마리아 역시 빈민인 것은 두말할 나위가 없습니다.

—— **그에게 들어가 이르되**(28절)

지금 천사가 그에게 말했다는 것 아닙니까? 그런데 그에게 들어가 말했습니다. 여러분, 우리가 공과 책이나 아이들 그림책을 볼 때 조심해야 합니다. 프랑코 제피렐리가 감독하고 올리비아 핫세가 마리아로 출연한 〈나사렛 예수〉라는 6시간짜리 영화는 예수에 관한 가장 긴 영화입니다. 그 영화에도 마리아에게 빛이 임하면서 천사 가브리엘의 말이 외부에서 들리는 장면이 나옵니다. 그러나 밖에서 들은 것이 아닙니다. 천사가 마리아 속에 들어가서 말했습니다. 소리가 어디서 들립니까? 내 속에서 울리는 것은 밖에서 들린 소리가 아닙니다. 밖에서 들리는 소리라면 이게 뭘까 일단 의심할 수도 있습니다. 이것은 내 심장 깊은 곳에서부터 소리가 솟아오르는 것입니다.

—— **은혜를 받은 자여 평안할지어다 주께서 너와 함께 하시도다**(28절)

이 속에서 들리는 소리는 네가 은혜를 입었고, 주님께서 너와 함께하신다는 것입니다. 여러분, 예루살렘에 있는 부잣집 딸을 찾아가서 천사가 얘기하는 것이 아닙니다. 해발 375미터, 기가 막힌 곳에 사는 가난한 처녀 속에 들어가서 너에게 지금 은혜가 임했다고 말하는 것입니다. 여러분, 이 은혜가 우리에게도 임한 것입니다. 우리에게도 임했기 때문에 우리가 이 자리에 앉아 있습니다. 단지 마리아와 우리의 차이가 있다면 똑같은 은혜를 받았는데 그 은혜에 어떻게 응답하느냐의 차이가 있는 것입니다.

—— **처녀가 그 말을 듣고 놀라 이런 인사가 어찌함인가 생각하매**(29절)

새번역이 이렇게 쉽게 번역했습니다.

—— **마리아는 그 말을 듣고 몹시 놀라, 도대체 그 인사말이 무슨 뜻일까 하고 궁금히 여겼다.**

여러분들도 그렇지 않겠습니까? 기도하고 있는데 아니 밥을 먹고 있는데 내 속에서 음성이 올라오더니 "○○야, 네가 은혜를 입었다. 주님께서 지금 너와 함께하신다"라고 하면 이게 무슨 말인지 의구심을 품지 않겠습니까?

—— **천사가 이르되 마리아여 무서워하지 말라**(30절)

무서워하지 말라고 했다는 것은 마리아가 자기 속에서 울려 퍼지는 이 소리를 듣고 두려워했기 때문입니다. 그러니까 '마리아야 무서워하지 마라, 네가 하나님께 은혜를 입었노라'고 두 번을 얘기합니다. 우리에게 임한 바로 그 은혜입니다.

—— **보라 네가 잉태하여 아들을 낳으리니 그 이름을 예수라 하라**(31절)

지금 마리아는 유부녀가 아닙니다. 처녀입니다. 그런데 아들을 낳을 텐데 그 이름을 예수라 하라고 이름까지 정해 주었습니다. 히브리말로 예수는 '여호수아', 구원자라는 말입니다. 네가 구원자를 낳을 것이라는 말입니다.

—— **그가 큰 자가 되고 지극히 높으신 이의 아들이라 일컬어질 것이요 주 하나님께서 그 조상 다윗의 왕위를 그에게 주시리니 영원히 야곱의 집을 왕으로 다스리실 것이며 그 나라가 무궁하리라**(32-33절)

아들을 낳을 텐데, 그 아들이 이스라엘 백성들이 그렇게 고대하고 열망하는 메시아라는 겁니다.

—— **마리아가 천사에게 말하되 나는 남자를 알지 못하니 어찌 이 일이 있으리이까**(34절)

성경에서 안다는 것은 관계한다는 뜻도 있습니다. 메시아도 좋고 예수도 좋은데, 난 남자하고 관계한 적이 없는데 어떻게 이런 일이 있을 수 있단 말입니까?

—— 보라 네 친족 엘리사벳도 늙어서 아들을 배었느니라 본래 임신하지 못한다고 알려진 이가 이미 여섯 달이 되었나니(36절)

엘리사벳은 아이를 배지 못한 여자였습니다. 그래서 저 부부는 아이를 못 가지는 부부라고 주위에서 그렇게 생각했습니다. 그런데 엘리사벳이 나이가 들어서 아기를 배었습니다. 요한은 아무리 부모가 나이가 들었다 할지라도 엘리사벳과 사가랴 사이에서 태어난 아이입니다. 그런데 지금 마리아에게 얘기하는 것은 남자 없이 너 혼자서 아이를 낳으리라는 겁니다.

—— 대저 하나님의 모든 말씀은 능하지 못하심이 없느니라 마리아가 이르되 주의 여종이오니 말씀대로 내게 이루어지이다 하매 천사가 떠나가니라(37-38절)

여러분, 지금 천사가 하는 말을 상식적으로 가만히 생각해 보십시오. 거룩하신 하나님의 성령이 너를 덮고, 이제 아들을 낳을 텐데 이름은 '예수'입니다. 이스라엘 백성들이 열망하던 메시아입니다. 엘리사벳도 늙어서 애를 낳았는데 하나님의 말씀은 능치 못함이 없다는 겁니다. 하나님은 말씀으로 천지를 창조하

셨으니까 이렇게 될 것인데 이 모든 말을 요약하면 너 혼자 아이를 낳을 거라는 겁니다. 2천 년 전, 그 엄격한 유대 사회의 윤리 관념상 있을 수 없는 일을 하라는 겁니다.

—— 마리아가 이르되 주의 여종이오니(38절)

그런데 마리아가 '나는 주의 여종이니 주님께서 시키는 대로 할 것입니다. 그러니까 말씀대로 내게 이루어지게 하십시오'라고 했더니 천사가 떠나갔습니다. 여러분, 이 엄청난 일에 마리아가 어떻게 순종할 수 있었겠습니까? 마리아에게 자기 부인이 선행되어 있었기 때문입니다. 아까도 말씀드렸지만 나사렛은 해발 375미터 산악 지방입니다. 그곳에 물자가 제대로 공급이 되겠습니까? 갈릴리에 사는 사람들은 나가서 그물을 던지면 고기라도 잡아 옵니다. 그 산악 지대에서 끼니를 해결하려면 얼마나 고달픕니까? 아무것도 없는 그곳에서 마리아가 할 수 있는 일은 하나님만 바라보고 사는 겁니다.

그곳은 세상에 미련을 갖고 세상 사람들이 좇는 것을 좇아가는 것이 아니라 오직 하나님에게만 시선을 고정시키고 살아가는 곳입니다. 그러므로 마리아가 그 척박한 곳에서 태어나 십수 년이 지나기까지 가난과 결핍 속에서 산 것은 하나님 앞에서 자기 부인을 체질화시키는 은혜의 실험장에서 산 것입니다.

부족한 사람들

여러분, 하나님께서는 당신이 선택하신 백성이 당신의 말씀대로 살 수 있게끔 당신의 방법으로 자기 부인을 체화시켜 가십니다. 그래서 가난에 빠지게 하시고, 고난 속에 빠지게 하시는 과정을 통해서 자기 부인을 행하는 믿음의 사람으로 당신의 백성들을 우뚝 세워 주시는 것입니다.

모세는 강에서 건짐을 받은 뒤에 40년 동안 이집트에서 왕자로 살지 않았습니까? 그 40년 동안 모든 것을 다 할 수 있었을 것 같지만, 왕자의 신분으로 그가 유대인들을 위해서 할 수 있었던 것은 고작 애굽 군인 한 명을 쳐 죽이는 것밖에 없었습니다. 그로 인해서 모세는 도망자가 되었습니다. 모든 것을 다 할 수 있을 것 같았는데 결과적으로는 도망자가 되었습니다. 그 이후에 40년 동안 미디안 광야에서 양치기 노릇을 하지 않습니까? 팔십 노인이 될 때까지 그가 볼 수 있었던 것은 하늘의 하나님밖에 없었습니다. 자기 부인이 체질화될 때 하나님께서 그를 쓰시는 것입니다.

다윗은 골리앗을 물리치고 구국의 영웅이 되었습니다. 그런데도 그를 시기한 사울 왕의 칼날을 피해서 10여 년 동안 동가식서가숙했습니다. 사울 왕은 경쟁자라고 생각되는 다윗 한 사람을 죽이기 위해서 3천 명으로 구성된 특공대를 몰고 다녔습니다. 그 10년 동안 다윗이 바라보고 도움을 구할 곳은 하나님밖에 없었습니다.

다윗에게는 사울 왕을 눈앞에서 죽일 수 있는 기회가 두 번 있었었습니다. 칼만 빼면 죽일 수 있었었습니다. 그런데 죽이지 않았습니다. 세상의 모든 마음, 인간적인 마음을 버리는 훈련을 했습니다. 그래서 다윗은 우리가 잘 아는 시편 23편에서 이렇게 이야기합니다.

—— **여호와는 나의 목자시니 내게 부족함이 없으리로다**(시 23:1)

여러분, 이것은 다윗이 임금이 되어서 쓴 시가 아닙니다. 왕자로 태어나서 부족함 없이 살다가, 왕으로 죽으면서 한 말이 아닙니다. 다윗은 부족함투성이였습니다. 그런데 이 세상에서 부족한 것투성이기 때문에 여호와만을 갈망함으로 부족함 없는 은혜를 누린다는 것입니다.

—— **그가 나를 푸른 풀밭에 누이시며 쉴 만한 물가로 인도하시는도다 내 영혼을 소생시키시고 자기 이름을 위하여 의의 길로 인도하시는도다** (2-3절)

다윗은 온갖 고난을 다 당했고, 심지어는 자기 아들이 아버지를 죽이겠다고 쿠데타를 일으키는 참담한 사건도 당했습니다. 그러나 이 모든 것을 통해서 하나님께서는 다윗의 영혼을 소생시켜 주시고, 의의 길로 가도록 인도해 주셨던 것입니다. 자기 부인의 길을 갈 수 있도록 하나님께서 그렇게 다윗을 세워 가신 것입니다.

—— **내가 사망의 음침한 골짜기로 다닐지라도 해를 두려워하지 않을 것은 주께서 나와 함께 하심이라 주의 지팡이와 막대기가 나를 안위하시나이다**(4절)

이 본문을 보면 아예 사망의 음침한 골짜기로 데려가시지 말지 왜 데려가셔서 지팡이로 지켜 주시는지 질문을 하게 되지 않습니까? 다윗은 하나님의 손길 아래에서 자기 부인이 일상화되었기 때문에 사망의 골짜기로 들어가라는 말씀에 순종했습니다. 내가 사망의 골짜기로 들어가도 하나님께서 지팡이와 막대기로 나를 지켜 주실 것을 믿으니까 순종하는 것입니다. 그것은 자기 부인의 믿음이 있기에 가능한 것이었습니다.

여러분, 우리도 마찬가지입니다. 하나님께서는 우리를 사랑하시기 때문에 우리가 주님을 좇을 수 있도록 자기 부인을 체화시키는 사람이 되게끔 훈련시키십니다. 내가 노력했는데 더 가난해질 수 있습니다. 건강했는데 어느 날부터 병약한 사람이 될 수 있습니다. 많은 사람들과 관계를 맺고 있었는데 어느 날 이 세상에서 외톨이가 된 것처럼 버려질 수 있습니다. 그런 과정을 통해서 우리는 하나님만 바라보면서 자기를 부인하는 믿음의 용장으로 세워져 가는 것입니다.

상황까지 순종하라

마리아의 순종에 대해서 더 깊이 생각해 볼 필요가 있습니다. 하나님의 말씀에 순종한다는 것은 그 말씀에 순종함으로 주어지는 상황까지 순종하는 것입니다. 우리는 하나님의 말씀에 순종한다고 이야기합니다. 그런데 이제까지는 내 마음대로 흥청망청 돈을 쓰다가 하나님의 말씀대로 살면서 가난해지는 상황은 받아들이지 않습니다. 이제까지 벌던 그대로 벌어야 복받은 사람이라고 생각합니다.

마리아를 보십시오. 성령이 너를 덮으시고 아이를 낳을 텐데 이름이 예수, 메시아라고 하자 '나는 주님의 여종이니 말씀대로 하소서'라고 순종했습니다. 그 순종은 무엇을 뜻하는 겁니까? 돌에 맞아 죽는 상황에 순종하는 겁니다. 유대인의 율법으로는 처녀가 아이를 배면 돌에 맞아 죽습니다. 아이를 뱄는데 남자의 애가 아니라 하나님의 아이라고 하면 누가 믿습니까? 한 사람이라도 돌을 던지면 군중 심리로 맞아 죽는 그 상황에 순종한 겁니다.

예수님께서 겟세마네 동산에서 "아버지, 이 잔을 피하게 해주십시오. 그러나 내 원대로 마시고 아버지 원대로 하십시오"라고 세 번을 반복해서 기도하셨습니다. 누가복음에 보면 예수님의 땀에 피가 배어서 떨어졌다고 되어 있습니다. 여러분, "이 잔을 내게서 지나가게 해주십시오. 그러나 내 원대로 말고 아버지 원대로 하십시오"라고 세 번 기도하면 땀이 납니까? 피가 배입니까? 아닙니다. 성경에는 그 요지만 적힌 것입니다. 주님께서 얼마나 처절하게 기도하셨으면 땀이 흐르고 피가 배듯 보였겠습니까?

'아버지, 살고 싶습니다. 그러나 아버지 원대로 하십시오'가 결론입니다. 아버지 원대로 하는 게 뭡니까? 십자가에 사지가 못 박혀 죽는 겁니다. 주님께서는 그 상황에 자기를 던졌습니다. 순종했습니다. 기도로만 하나님 뜻에 순종한 것이 아니라 순종함으로 인해서 주어지는 모든 상황을 감수했습니다.

예수님의 열두 제자를 보십시오. 인류 역사상 예수님께 직접 부르심을 받고 예수님과 3년 동안이나 동고동락하면서 직접 배운 사람이었지만 그들이 부귀영화를 누렸습니까? 권세를 누렸습니까? 아니었습니다. 로고스이신 예수님을 주인으로 모셨기 때문에 그들은 온갖 고난과 맞닥뜨려야 했습니다. 그리고 순교해야 했습니다. 그러나 그들은 그 상황을 받아들였습니다.

사도 바울을 보십시오. 청년 시절부터 유대교 내에서 입지가 탄탄한 청년이었습니다. 그대로 있으면 유대교에서 출세길은 훤히 열리는 겁니다. 그런데 예수를 믿고 나서부터 고난의 연속이었습니다.

—— 내가 수고를 넘치도록 하고 옥에 갇히기도 더 많이 하고 매도 수 없이 맞고 여러 번 죽을 뻔하였으니 유대인들에게 사십에서 하나 감한 매를 다섯 번 맞았으며 세 번 태장으로 맞고 한 번 돌로 맞고 세 번 파선하고 일 주야를 깊은 바다에서 지냈으며 여러 번 여행하면서 강의 위험과 강도의 위험과 동족의 위험과 이방인의 위험과 시내의 위험과 광야의 위험과 바다의 위험과 거짓 형제 중의 위험을 당하고 또 수고하며 애쓰고 여러 번 자지 못하고 주리며 목마르고 여러 번 굶고 춥고 헐벗었노라

(고후 11:23하-27)

여러분이 주님의 말씀에 순종하기 때문에 이런 상황을 맞닥뜨려야 한다면 그래도 예수를 믿겠습니까? 그게 믿음입니다. 나는 예수님 말씀 듣고 따르는데 매일매일 내가 원하는 상황만 주어져야 된다면 그건 믿음이 아닙니다. 하나님의 말씀에 순종하기 때문에 야기되는 상황까지 순종할 때 어떤 일이 일어났습니까? '말씀대로 되어지이다'라고 순종하는 것은 돌에 맞아 죽는 상황을 감수하는 겁니다. 그 상황을 감수했기 때문에 마리아는

성모가 되었습니다.

예수님께서는 십자가에서 죽는 걸 피하고 싶으셨지만 '아버지의 원대로 하십시오'라고 순종하셨기 때문에 사흘째 되는 날 죽음을 깨뜨리고 부활하셔서 영원한 생명의 구주가 되셨습니다. 제자들은 예수를 믿고 출세하거나 번영한 것이 아니라 매번 죽음의 고비를 넘는 상황을 받아들였고 순교했을망정 예수 그리스도 안에서 세계 역사를 새롭게 했습니다. 고난의 연속인 상황을 기꺼이 감수한 사도 바울은 참수형까지 받아들였습니다. 그 결과 그는 신약성경의 4분의 1을 썼습니다. 복음서를 빼면 신약성경 3분의 1은 바울이 쓴 것입니다. 바울은 성경 속에서 영원히 살아 있습니다.

정리를 하십시다. 참믿음이라는 것은 자기를 부인하는 믿음입니다. 자기를 부인하는 것은 하나님의 말씀에 순종하는 것입니다. 하나님의 말씀에 순종하는 것은 그 말씀에 순종함으로 인해 야기되는 상황에 순종하는 것까지 포함합니다. 이사야가 이렇게 증언합니다.

—— **주께서 심지가 견고한 자를 평강하고 평강하도록 지키시리니 이는 그가 주를 신뢰함이니이다**(사 26:3)

주를 신뢰하는 사람은 심지가 견고한 사람입니다. 그런 사람을 주님께서 평강에서 평강으로 지키십니다. 여기에서 하나님을 '신뢰하다'라는 동사가 히브리어로 '파타흐'(בָּשַׁא)입니다. 파타흐, 하나님을 신뢰하는 것이 무엇입니까? 기대는 것입니다. 붉은 벽돌로 쌓인 이 강대상 벽에 가서 제가 기댑니다. 기댈 때에 저에게는 믿음이 있습니다. 저 벽돌은 견고하기 때문에 저를 버텨 줄 거라는 믿음입니다. 그런데 가서 기댔는데 견고해 보이는 벽돌이 흔들흔들합니다. 자꾸자꾸 기울어집니다. 내가 자꾸 넘어갑니다. 그래도 기대는 게 믿음입니다. 하나님의 말씀에 기댔는데 가난해지고, 하나님의 말씀에 기댔는데 고난이 오고, 하나님의 말씀에 기댔는데 내 계획이 다 어그러집니다. 그래도 하나님의 말씀에 기대는 것입니다. 저 벽이 완전히 땅바닥에 넘어질 때까지 기대는 겁니다. 왜입니까? 그때 부활이 있으니까 끝까지 기대는 겁니다.

말씀에만 기대면 영혼도 잘되고 내 사업도 잘되고 무병장수한다고 예수 믿었는데 예수 믿고 나니까 다 안 되니 치우자 하면 믿음이 아닙니다. 기댔는데 흔들거리고 나를 버텨 주지 못함에도 세상의 손을 잡으라고, 돈을 잡으라고, 권력을 잡으라고 하는 모든 유혹을 내가 끊는 것입니다. 이게 믿음입니다. 그 상황을 받아들이는 것입니다. 내가 바닥까지 떨어질 때 주께서 나를 평강에서 평강으로 지키십니다. 사망의 음침한 골짜기에서 막대기와 지팡이로 안위하신다고 다윗이 고백했던 그 하나님이 나를 책임져 주시는 겁니다. 그래서 그 사람이 평강에서 평강으로 하나님의 인도하심을 받게 되는 것입니다.

여러분, 여러분의 믿음은 지금까지 어떤 믿음이었습니까? 혹시 서두에 말씀드린 통곡의 벽에 쪽지 꽂는 믿음, 에베소에서 잠든 일곱 명의 동굴 철조망에 휴지 꽂는 믿음, 마리아의 집에 껌딱지 붙이는 믿음이었습니까? 그러면 오늘 이 시간에 당장 버리십시다. 그리고 어떤 상황에서든지 나를 부인함으로 하나님의 말씀에 순종하고 그로 인해 야기되는 모든 상황을 감수하는 진짜 예수쟁이들이 되십시다. 여러분의 수가 아무리 적다 할지라도 그 순간부터 울산더함교회는 이 세상을 맑히고 밝히는 참된 교회로 우뚝 서게 될 것입니다. 기도하시겠습니다.

주님, 미신을 믿음이라 착각하지 않게 해주십시오. 자기 부인이 선행되지 않는 믿음은 미신과 다를 바 없음을 잊지 않게 해주십시오. 우리 모두 오직 하나님을 신뢰함으로, 하나님 앞에서 자신을 부인하면서 하나님의 말씀에 순종하게 해주십시오. 나아가 하나님의 말씀에 순종함으로 인해 주어지는 상황에도 기꺼이 순종하는 진짜 예수쟁이들이 되게 해주십시오. 그리하여 울산더함교회가 교인 숫자는 많지 않을지라도 영적으로는 이 세상 어느 교회보다 큰 교회가 되게 해주십시오. 예수님의 이름으로 기도드립니다. 아멘.

데오빌로여 내가 먼저 쓴 글에는 무릇 예수께서 행하시며 가르치
시기를 시작하심부터 그가 택하신 사도들에게 성령으로 명하시고
승천하신 날까지의 일을 기록하였노라(행 1:1-2)

2

교회인가 행회인가?

청춘 남녀가 만나서 사귀다가 사랑을 고백했다고 하십시다. 그리고 상대의 사랑 고백을 받아들였습니다. 그런데 그 후부터 사랑 고백과는 달리 상대방을 억압하고 폭력을 행사한다면 그 사랑 고백이 참된 사랑 고백일 수 있겠습니까? 그 사람은 추악한 이기심을 사랑이라고 착각하는 사람이든가, 거짓 사랑 고백을 통해서 상대방의 소유물을 노리고 있는 사람임이 분명합니다.

우리말 사전은 '사랑'을 이렇게 풀이합니다. '어떤 사람이나 존재를 몹시 아끼고 귀중히 여기는 마음, 또는 그런 일.' 일은 어떻게 하는 것입니까? 손발로 하는 겁니다. 일이라는 것은 활동입니다. 행함입니다. 내가 누군가를 사랑하고 내 마음에 있는 사랑을 고백했다면 그 사랑은 내 마음에만 담겨 있지 않습니다. 나의 모든 세포를 통해서 드러나기 마련입니다.

내가 누군가를 사랑하면 그 사람을 바라보는 눈빛이 다른 사람을 바라보는 눈빛과는 다릅니다. 그 사람과 이야기할 때 얼굴 근육이 달라집니다. 걸음걸이가 달라집니다. 혼자 길을 걸어가면서 희죽희죽 웃습니다. 휘파람도 붑니다. 이처럼 사랑이라는 것은 마음속에만 담겨 있지 않고 모든 세포를 통해서 밖으로 드러나기 때문입니다. 그래서 사랑을 하면 주위 사람들이 금방 압니다. 왜입니까? 눈빛, 말투, 행동이 다 달라져 있기 때문입니다.

여러분, 한 사람과 한 사람이 만나서 사랑을 하는 것도 이렇게 온 세포를 통해서 사랑이 드러난다면, 하물며 인간이 하나님을 만난다고 하면 그 만남의 경험이 인간끼리의 사랑 경험 정도이겠습니까?

행함의 주님

독일계 미국인 비교종교학자 요하힘 바흐(Joachim Wach)는 인간이 절대자 하나님을 만나는 경험을 네 단어로 잘 표현했습니다.

첫째는 궁극성입니다. 하나님은 모든 인간들 가운데에서 가장 나은 존재가 아닙니다. 인간들 가운데에서 모범이 되고 인간들이 본받기 원하는 그런 상대가 아닙니다. 인간과는 본질적으로 다른 궁극적인 존재입니다. 절대자입니다. 피조물인 우리와는 다른 창조주입니다. 그분을 만나는 경험은 궁극적인 경험이라는 것입니다.

두 번째가 전체성입니다. 그 궁극적인 존재인 하나님을 만나는 경험은 삶의 한 부분에만 국한되지 않는다는 것입니다. 청춘남녀가 서로 사랑을 고백할 때 사랑한다고 말하는 입에만 그 사랑이 국한됩니까? 눈빛, 얼굴, 걸음걸이에 다 드러나기 마련입니다. 하나님을 만나는 경험은 인간 삶의 전반에 영향을 미친다는 것입니다.

세 번째 단어가 강렬함입니다. 궁극적인 존재를 만나는 경험은 인간이 이 세상에서 경험할 수 있는 모든 경험을 초월하는 경험입니다. 이 세상에서는 도저히 경험할 수 없는 강렬한 경험이라는 것입니다. 그것이 하나님과의 만남이라는 것입니다.

네 번째 단어가 행동입니다. 하나님과의 만남은 궁극적인 만남이고 전체적인 만남이자 강렬한 만남이기 때문에 하나님과의 만남은 어떤 형태로든지 사람의 행동으로 드러난다는 것입니다. 하나님을 만났다고 말하는데, 그 사람의 행동으로 드러나지 않으면 그 사람은 하나님을 만난 것이 아니라는 말입니다. 저는 요아힘 바흐라는 사람이 절대자 하나님을 만난 경험이 있는 사람이라고 봅니다.

1984년 8월 2일 새벽 2시에 하나님께서 당신의 존재를 제게 각인시켜 주셨을 때, 하나님께서는 제가 어머니의 모태에 있을 때부터 저와 함께하셨습니다. 저를 떠나신 적이 없었습니다. 그런데 저는 하나님을 등지고 살았습니다. 모태 신앙인으로 태어났지만 선데이 크리스천으로 살았습니다. 주중에는 술독에 빠져서 살았습니다. 허랑방탕하게 살았습니다.

그날 새벽에 하나님께서 "재철아" 하고 당신이 나와 함께하고 계심을 내 심령 속에 각인시켜 주셨습니다. 그 경험은 궁극적인 경험이었습니다. 그 경험은 제 삶 전체를 압도하는 경험이었습니다. 얼마나 강렬한 경험이었던지 1984년 8월 2일 새벽 2시를 기점으로 제 인생은 BC와 AD가 갈라졌습니다.

그 이전의 저는 선데이 크리스천이었고, 술독에 빠져 살았고, 도박하고, 이 세상에서 타락하는 사람이 하는 모든 것을 다 하면서 살았지만 그날 만남의 강렬함이 저로 하여금 그 모든 것을 청산하게 했습니다. 제 의지가 아니었습니다. 제 능력이 아니었습니다. 그분과의 만남이 저를 새로운 삶을 살도록 견인해 주는 원동력이 되었던 것입니다.

어제 우리가 함께 생각했던 주제와 연결시켜서 요하힘 바흐의 네 단어를 결론적으로 말씀드리겠습니다. 하나님을 만난 인간이라면 자기를 부인하면서 하나님의 말씀에 순종하는 삶을 살아갈 수밖에 없다는 것입니다.

여러분, 신약성경의 순서를 보십시오. 제일 첫 부분은 복음서입니다. 마태, 마가, 누가, 요한, 사복음서 아닙니까? 이 복음서를 한마디로 표현하면 주님께서 제자들을 만나 주신 기록입니다. 보잘것없던 인간들에게 예수님께서 찾아가 주신 것입니다. 제자들은 예루살렘에 있는 율법 교사나 서기관들과 달리 배운 것이 없는 사람입니다. 무식합니다. 가난합니다. 신분이 낮습니다. 그런데 주님께서 그들을 부르셨습니다. 그리고 당신의 제자로 삼아 주셨습니다.

그 경험이 얼마나 궁극적이고 전체적이고 강렬했던지, 주님을 만났던 사도들은 그 은혜에 행함으로 응답할 수밖에 없었습니다. 그래서 복음서 다음에 사도행전이 나옵니다. 사도행전이 무엇입니까? 사도들의 행함의 기록입니다. 주님을 만난 경험이 얼마나 궁극적이고 전체적이고 강렬했던지, 생업으로 삼던 배와 그물을 던져 두고 자기를 부인하면서 주님을 좇아 산 행함의 기록이 사도행전인 것입니다. 오늘 본문은 그 사도들이 사도행전에서 행함의 삶을 살았던 기록의 첫머리입니다.

—— **데오빌로여 내가 먼저 쓴 글에는**(행 1:1)

사도행전은 누가 썼습니까? 누가라는 사람이 썼습니다. 누가가 지금 사도행전을 쓰면서 수신자의 이름을 먼저 불렀습니다. 사도행전을 1차적으로 받아 볼 사람의 이름이 데오빌로라는 사람입니다. 먼저 써 보내었던 글을 데오빌로에게 이야기합니다. 사도행전을 쓰기 전에 누가가 먼저 써 보낸 글은 누가복음입니다. 지금 누가가 먼저 써 보내었던 누가복음의 핵심을 설명하는 겁니다.

—— **내가 먼저 쓴 글에는 무릇 예수께서 행하시며 가르치시기를 시작하심부터**(1절)

누가가 이전에 자기가 쓴 누가복음의 핵심을 이야기하는데 '예수의 행하신 일'이 제일 먼저 나옵니다. 새번역이 이렇게 더 쉽게 번역을 했습니다.

── 데오빌로님, 나는 첫 번째 책에서 예수께서 행하시고 가르치신 모든 일을 다루었습니다.

일반적으로 사람들은 예수님을 선생님으로 인식합니다. 예수님은 가르치는 선생님이었다고 신학교에서도 비중을 두어 말합니다. 사람들의 생각과는 달리 누가는 예수님의 일생을 이야기하면서 방점을 어디에 찍었습니까? '예수의 행하심'에 첫 방점을 찍었습니다. 2절 역시 1절의 부연 설명입니다.

── 그가 택하신 사도들에게 성령으로 명하시고 승천하신 날까지의 일을 기록하였노라(2절)

새번역으로 다시 읽어 보겠습니다. 한번 들어보십시다.

── 거기에 나는, 예수께서 활동을 시작하신 때로부터 그가 택하신 사도들에게 성령을 통하여 지시를 내리시고 하늘로 올라가신 날까지 하신, 모든 일을 기록했습니다.

누가복음을 데오빌로에게 먼저 써 보내었는데 누가복음의 핵심은 예수께서 활동을 시작하신 날로부터 승천하실 때까지 그가 이 땅에서 행하신 모든 일을 기록한 데 있다고 합니다. 예수님의 행하심을 강조하고 있습니다.

여러분, 신약성경은 이 땅에 오신 예수님께서 십자가에 못 박히시고 부활, 승천하신 뒤에 약 30년이 흐르고 나서 기록되기 시작했습니다. 그러니까 신약성경이 나온 뒤부터 사람들은 신약성경으로 가르치기 시작했습니다. 그때는 파피루스에 적힌 쪽성경입니다. 그것으로 사람들을 가르쳤습니다.

그런데 글로 기록된 신약성경이 나오기 전에 예수님의 행하심이 먼저 있었습니다. 성자 하나님이 인간의 몸으로 이 땅에 강림하신 행하심이 먼저 있었습니다. 그 성자 하나님이 예루살렘이나 로마 제국 황궁, 헤롯 궁, 총독의 관저가 아니라 빈민들과 함께 갈릴리에서 생활하셨습니다. 당신을 찾아오는 모든 사람을 빈부귀천 가리지 아니하고 고쳐 주셨습니다. 그 모든 행하심은 인간을 구원하시기 위한 행함이었습니다.

그래서 주님께서는 인간을 구원하시기 위해서, 인간의 죄의 값을 대신 치르시기 위해서 십자가에서 제물이 되어 돌아가시는 고난을 스스로 당하셨습니다. 그리고 죽음의 한가운데에서 죽음을 깨뜨리고 사흘째 되는 날 부활하셨습니다. 주님께서는 행함의 주님이셨습니다. 그 행함의 주님을 제자들이 만난 것입니다.

행하는 자들의 모임

제자들은 그 주님을 만나고 난 뒤에 행함의 사람으로 바뀐 것입니다. 그래서 '사도행전'이라고 하지만 사도행전은 헬라어의 본 의미를 제대로 전달해 주지 못합니다. 헬라어로는 사도행전을 '프락세이스 아포스톨론'이라고 부릅니다. 프락세이스는 단수 '프락시스', 행함의 복수형입니다. 행함'들'입니다. 아포스톨론은 '사도들'입니다. 그러니까 헬라어로 사도행전은 '사도들의 행함들'입니다.

주님을 만난 사도들이 감정에 복받쳐서 그날 하루만 행한 것이 아닙니다. 행함의 주님을 만난 이후에 밤낮으로 행함의 사람이 되어서 살았고, 순교할 때까지 자기를 부인하면서 주님의 말씀을 좇아 행하는 사람으로 살았습니다. 그래서 행함'들'입니다.

사도행전을 영어로는 'ACTS'라고 합니다. '행동', 즉 단수 'ACT'가 아니라 행동들, 'A', 'C', 'T', 'S'입니다. 강렬합니다. 행함의 주님을 만난 제자들이 어떻게 행했는가, 그 행함을 보여 주는 책이 사도행전이라는 것입니다. 여러분, 제자들이 예수님을 만나고 나서 행함의 사람들이 되어서 그 기록이 사도행전으로 지금 우리에게 주어졌습니다. 그들이 행함의 사람이 될 수밖에 없었던 것은 그들이 만난 주님이 절대적인 행함의 주님이었기 때문입니다.

주님께서 그 사람들을 '에클레시아'라고 불렀습니다. 에클레시아는 '주님의 부르심을 받은 사람들'이라는 뜻입니다. 에클레시아를 한국 교회에서는 '교회'라고 번역을 했습니다. 가르칠 '교'(敎) 자와 모임 '회'(會) 자를 썼습니다. 주님의 부르심을 받은 사람들은 어떤 사람들입니까? 주님의 구원의 은혜를 입은 사람들입니다. 구원을 받은 사람답게 살아갈 책무를 지닌 사람들입니다. 그런데 이 에클레시아를 가르칠 '교' 자를 써서 교회라고 번역하면서부터 한국 교회는 가르치려고만 듭니다.

한국 교회처럼 성경 공부가 열심인 데가 없습니다. 어떤 면에서는 좋은 점입니다. 문제는 가르치려고만, 배우려고만 한다는 겁니다. 거기에만 재미가 들려 있습니다. 심지어는 1대 1로 성경 공부를 가르칩니다. 교회에 등록해서 한 사람으로부터 성경을 배우면 졸업하자마자 그 사람이 또 한 사람을 가르칩니다.

자기가 가르치는 대로 살면 세상은 바뀝니다. 그리스도인들은 세상을 가르치려고만 들지 가르치는 대로 살지는 않습니다. 그래서 교회가 조롱의 대상이 되었습니다. 자기들은 전혀 그렇게 살지 않으면서 세상에서 일어나는 모든 문제에 다 간섭하고 가르치려고 합니다. 삶을 들여다보면 그대로 살지 않습니다. 왜입니까? 저는 에클레시아를 교회라고 번역한 것이 잘못이라고 생각합니다. 한국 교회는 에클레시아를 '교회'가 아니라 '행회'(行會)라고 번역해야 합니다. 행하는 사람들의 모임입니다.

행함이 구원의 조건이 아닙니다. 우리는 믿음으로 구원을 받지 않습니까? 그런데 믿음으로 구원받았다면, 그 믿음이 진짜라면, 그 구원이 진짜라면 구원받은 사람처럼 살아야 됩니다. 그것이 행함입니다. 행함이 구원의 조건이어서가 아니라 내가 믿음으로 구원을 받은 사람이기 때문에 구원받은 사람답게 살아갈 책무를 다하는 것입니다.

너도 이와 같이

하나님을 믿는다고 할 때 '믿는다'를 헬라어로 '피스튜오'(πιστεύω)라고 합니다. 피스튜오는 우리말 '믿는다'와 전혀 다른 두 가지 의미를 가지고 있습니다. 첫째는 '신실하다'입니다. 성경에서 '믿음'이라는 단어가 이해가 안 될 때 '신실'이라고 바꾸어서 읽으면 이해가 됩니다. "믿는 대로 기도하면 다 받으리라" 기도회 때마다 그 구절을 놓고 기도하지 않습니까? 믿는 대로 기도하니까 다 받았습니까? 아닙니다. "믿는 대로"에다가 '신실'을 넣어 보십시다. '신실해지고 기도하면 다 받으리라'입니다.

믿는 대로 기도하면 다 받는다고 할 때는 '내가 지금 이거 하고 싶은데 해주실 줄로 믿습니다'라고 기도합니다. 신실해지고 나서 기도해 보십시오. 신실한 사람은 헛것을 구하지 않습니다.

신실한 사람은 자기 욕망을 구하지 않습니다. 신실한 사람은 하나님 앞에서 자기를 부인하기 위해서 기도합니다. 신실한 사람은 하나님의 말씀대로 살기 위해서 기도합니다. 그 기도가 왜 이루어지지 않겠습니까? 믿는다는 것은 추상적인 고백이 아니라 신실해지는 행동을 의미합니다.

두 번째로 '피스튜오'는 '입증하다'라는 뜻이 있습니다. 내가 믿는다면 믿는 것을 스스로 입증하는 것이 믿음입니다. 십자가에 달리신 주 예수 그리스도가 내 인생의 구세주라고 믿는다면 내가 고백한 그 믿음은 삶으로 입증이 돼야 합니다. 그것이 믿음인 것입니다. 그래서 교회는 행회가 되어야 합니다. 입으로 고백하는 사람들이 모인 곳이 아니라 주님을 주인이라고 고백한 대로 신실하게 행하면서 사는 사람들의 모임이 되어야 합니다. 그러면 오늘날처럼 교회가 세상으로부터 지탄의 대상이 되겠습니까?

행회가 된다면 교인 수에 상관없이 행함이 있는 곳에 하나님의 생명이 강물처럼 흘러내릴 것입니다. 누가복음 10장 25절에서 37절을 같이 찾아보십시다. 이 말씀은 율법사와 예수님의 대화입니다.

—— **어떤 율법 교사가 일어나**(눅 10:25)

율법 교사는 어떤 사람들이었습니까? 2천 년 전에 율법 교사는 하나님의 말씀을 가르치면서 밥 먹고 사는 사람들입니다. 요즘 말로 하면 신학 박사입니다. 어떤 율법 교사가 일어나 예수님에게 질문을 던졌는데 바른 답을 얻기 위함이 아니라 예수님을 시험에 빠뜨리기 위함이었습니다. 율법 교사는 유대교 내에서 공인된 직책입니다. 그런데 예수는 사람들이 메시아라고 따라다니지만 아무런 직책이 없습니다. 율법 교사나 제사장 같은 직책이 없습니다. 그런 사람이 얼마나 바르게 대답할 수 있는가를 시험하기 위해서 율법 교사가 질문을 했습니다.

—— **선생님 내가 무엇을 하여야 영생을 얻으리이까**(25절)

이 질문은 정말 어떻게 영생을 얻겠냐는 질문이 아닙니다. 영생은 하나님 나라의 생명입니다. 이 율법 교사는 자기의 모든 행동이 의롭다고 믿는 사람입니다. 자만심으로 가득 찬 사람입니다. 지금 의롭게 사는데 어떤 것을 좀 더 의롭게 해야 영생을 누리겠냐는 질문입니다. 그리고 예수님께서 어떻게 대답을 하시든 그 대답에 반박하고 올무에 빠뜨리려고 질문한 겁니다.

—— **예수께서 이르시되 율법에 무엇이라 기록되었으며 네가 어떻게 읽느냐**(26절)

예수님이 네가 율법 선생이니 나한테 묻지 말고 율법에는 뭐라고 기록되어 있는지 네 입으로 한번 읽어 보라고 합니다.

—— **대답하여 이르되 네 마음을 다하며 목숨을 다하며 힘을 다하며 뜻을 다하여 주 너의 하나님을 사랑하고**(27절)

지금 율법 교사가 읽은 부분은 신명기 6장 5절입니다. 율법 교사니까 신명기 6장 5절을 외우고 있습니다.

—— **또한 네 이웃을 네 자신 같이 사랑하라 하였나이다**(27절)

이것은 레위기 19장 18절 말씀입니다. 그러니까 율법 교사는 지금 정답을 이야기하는 겁니다. 주님께서 28절에서 이렇게 말씀하십니다.

—— **예수께서 이르시되 네 대답이 옳도다 이를 행하라 그러면 살리라**(28절)

'네가 의로운 사람이라고 자만하면서 나한테 질문을 던졌는데 답을 잘 아는구나. 그렇게 행하라. 그러면 네가 이 땅에서부터 하나님의 생명을 누릴 것이다'라고 말씀하십니다.

—— **그 사람이 자기를 옳게 보이려고 예수께 여짜오되 그러면 내 이웃이 누구니이까**(29절)

이것도 알고 싶어서 질문하는 것이 아닙니다. 행하라고 하시니까 예수님을 또 공격하는 겁니다. 이 율법 교사는 '네 옆집 사람', '너와 지금 길을 같이 걸어가는 사람'처럼 유대인들이 생각하는 식으로 예수님이 대답하리라고 생각했습니다. 그러니까 예수님이 그렇게 대답하시면 '주님, 그런 이웃 저는 사랑하고 있습니다'라고 대답하기 위해서 내 이웃이 누구냐고 질문을 한 것입니다. 그런데 예수님께서 이 율법 교사가 상상하지도 못한 답변을 하셨습니다.

—— **예수께서 대답하여 이르시되 어떤 사람이 예루살렘에서 여리고로 내려가다가 강도를 만나매**(30절)

예루살렘에서 여리고로 내려가기 위해서는 유대 광야를 지나야 합니다. 유대 광야는 평범한 평원이 아닙니다. 나무도 없고 풀도 없는 맨흙만 있는 곳인데 민둥산이 계속 이어집니다. 그 속에는 동굴도 있습니다. 민둥산 뒤나 동굴 속에 강도들이 있습니다. 그래서 유대 광야를 지나가던 많은 사람들이 강도의 습격을 받았습니다. 이 행인도 유대 광야를 지나가다가 강도를 당한 것입니다.

—— **강도들이 그 옷을 벗기고 때려 거의 죽은 것을 버리고 갔더라**(30절)

2천 년 전에는 옷이 재산이었습니다. 이스라엘 사람들은 통짜 옷을 입지 않습니까? 성인이 되고 나서 통짜 옷을 하나 마련하면 죽을 때까지 그 옷을 입는 사람들이 대부분이었습니다. 새 옷을 마련한다거나 겉옷을 마련하려면 엄청난 돈이 필요한 겁니다. 그래서 옷이 재산입니다. 구약성경을 보면 옷을 맡기고 돈을 빌리지 않습니까? 아마 이 행인은 새 옷을 입고 있었나 봅니다. 그러니까 강도들이 행인의 물품은 물론이고 옷까지 몽땅 빼앗았습니다. 이 강도 만난 사람은 벌거숭이에 여기저기 피투성이가 된 채로 쓰러져 있었을 것입니다.

—— **마침 한 제사장이 그 길로 내려가다가 그를 보고 피하여 지나가고**
(31절)

제사장이 누굽니까? 이 사람도 하나님 말씀으로 밥 먹고 사는 사람입니다. 이 사람도 사람들 앞에서 하나님의 율법을 가르치는 사람입니다. 이 사람이 피투성이가 된 행인을 보고 고개를 돌리고 피해 갔습니다.

—— 또 이와 같이 한 레위인도 그곳에 이르러 그를 보고 피하여 지나 가되(32절)

레위인도 하나님 말씀으로 밥 먹고 사는 사람입니다. 이 사람도 무엇을 행했는가 하니 돌아서 피해 갔습니다. 제사장이나 레위인이나 율법 교사나 하나님 말씀으로 밥 먹고 사는 사람이라는 것은 똑같습니다. 그러니까 지금 예수님께서 제사장과 레위인을 빗대어 율법 교사 얘기를 하는 겁니다. '너 살다가 이럴 때 피해 갔지?' 율법 교사나 제사장, 레위인이 하나님 말씀으로 밥 먹고 살면서도 왜 피투성이가 된 사람을 보고 못 본 척 지나갑니까? 그 사람은 내가 사랑할 이웃이 아닌 겁니다. 그 사람들한테 이웃은 주는 만큼 받아야 하는 상대입니다. 내가 1원을 주면 나한테 10원을 주는 사람이 좋은 이웃입니다. 그런데 이 행인은 내가 1원을 줘봐야 나한테 10전도 갚을 수 있는 상대가 아닙니다. 이웃이 아닌 겁니다. 그러니까 못 본 척하고 가버린 겁니다.

—— 어떤 사마리아 사람은(33절)

주전 722년 북왕국 이스라엘이 아시리아 제국에 망했습니다. 아시리아 제국이 북이스라엘 땅에 살던 이스라엘 종족을 말살하기 위해서 여러 지역에서 인종을 불러다가 피를 섞이게 했습니다. 유대인들은 선민의식과 순혈주의 사상에 젖어 있는 사람들 아닙니까? 그런데 사마리아 사람은 아시리아 제국에 의해서 이 민족과 피를 섞은 민족입니다. 그러니까 인간이 아니라 짐승으로 보는 대상입니다. 그 사마리아 사람이 그냥 놀러 간 게 아니라 여행하는 중이니까 분명히 목적이 있는 겁니다. 어떤 목적을 가지고 지나가다가 이 피투성이가 된 사람을 보았습니다.

―― **그를 보고 불쌍히 여겨**(33절)

사마리아 사람은 하나님의 말씀도 모르고 이방인의 피가 섞였다고 유대인들이 짐승처럼 여겼습니다. 이 사마리아 사람이 피투성이가 된 사람을 불쌍히 여겼습니다. 피투성이가 된 사람을 내 이웃이라고 생각한 겁니다.

―― **가까이 가서 기름과 포도주를 그 상처에 붓고 싸매고**(34절)

불쌍히 보고 그냥 지나간 것이 아니라 가까이 다가가서 행동합니다. 당시에는 포도주와 기름을 붓는 게 응급조치의 일환이었습니다. 포도주, 기름 다 값비싼 겁니다. 값비싼 내 것을 보상을 받을 수 없는 상대를 위해서 낭비하는 겁니다. 왜입니까? 사랑은 낭비이기 때문입니다. 부모가 자식을 사랑하는 게 다 낭비입니다. 부모가 자식을 사랑하면서 얼마 들어갔는지 현금출납부 쓰면 자식 사랑하지 못하는 것 아니겠습니까? 지금 사마리아 사람은 사랑의 낭비를 합니다. 그 상처에 포도주와 기름을 붓고 싸매어 줬습니다. 여러분, 싸매어 주려면 뭐가 있어야 합니까? 천이 있어야 합니다. 여행 가는 행인이 상처를 싸매기 위해 붕대를 들고 다니겠습니까? 자기 옷이든 무엇이든 일부를 찢어서 싸매어 준 것입니다.

—— **자기 짐승에 태워 주막으로 데리고 가서**(34절)

지금 행인은 옷도 빼앗기고 피투성이가 되어서 쓰러져 있습니다. 그 사람을 자기 나귀에 태우면 어떻게 되겠습니까? 나귀 안장이 더러워집니다. 새 차를 타고 지나가다가 어떤 사람이 피투성이가 되어 있는 것을 보았는데 생명이 경각에 달려 있으니까 그 사람을 자기 차에 싣는 것과 똑같습니다. 시트가 핏자국에 다 더러워지는데도 말입니다.

—— **주막으로 데리고 가서 돌보아 주니라**(34절)

데리고 가서 간호를 했습니다. 34절에 나와 있는 행함의 동사를 보십시다. '가서, 붓고, 싸매고, 태워, 데리고 가서, 돌보아

주니라'입니다. 이 사람은 행함의 사람입니다.

—— 그 이튿날 그가 주막 주인에게 데나리온 둘을 내어 주며 이르되 이 사람을 돌보아 주라 비용이 더 들면 내가 돌아올 때에 갚으리라 하였으니(35절)

이 사람이 목적이 있어서 여행하는 중에 피해자를 데리고 주막에 가서 돌봐 주었으니 반나절이 없어지지 않았습니까? 이튿날 아침에 자기 목적지를 향해 가면서 주막 주인에게 두 데나리온, 그러니까 이틀치 임금을 주면서 이 사람 잘 치료해 달라고 합니다. 목적지에 가서 돌아오는 길에 추가 비용이 들었으면 그때 다 갚아 주겠다고 합니다.

여러분, 이 사마리아 사람이 참 위대하지만 가장 위대한 행동은 이튿날 아침인데 마음이 안 변했다는 것입니다. 오늘 어떤 사람을 보고 불쌍히 여겨서 무언가를 할 수 있습니다. 그런데 자고 일어나면 마음이 냉랭해집니다. 하고 싶지 않습니다. 이 사마리아 사람은 이튿날 아침이 되어서도 강도 만난 사람을 불쌍히 여기는 마음이 그대로 지속되었습니다.

여러분, 그리스도인이 인심을 쓰는 경우가 많습니다. 사랑은 인심이 아닙니다. 인심과 사랑의 차이가 어디에서 드러납니까? 사랑은 지속성에 있습니다. 인심은 단발성입니다. 한 번 하고 내

기분 틀어지면 안 하는 겁니다. 그런데 이 사마리아 사람은 인심이 아니었습니다. 사랑이었기에 자기가 할 수 있는 모든 행함을 다 했습니다. 예수님께서 율법 교사에게 묻습니다.

—— **네 생각에는 이 세 사람 중에 누가 강도 만난 자의 이웃이 되겠느냐**(36절)

율법 교사가 자기를 옳게 보이려고 내 이웃이 누구냐고 물을 때 예수님이 이런 경우를 대리라고는 상상도 못한 겁니다. 이 이야기 속에 나오는 제사장, 레위인, 사마리아 사람 중에서 누가 강도 만난 사람의 이웃인지는 삼척동자라도 답할 수 있지 않겠습니까?

—— **이르되 자비를 베푼 자니이다**(37절)

여러분, 앞에서 이 율법 교사가 예수님을 시험하려고, 또 옳게 보이려고 물었을 때는 아주 당당하게 얘기했을 겁니다. 그런데 예수님께서 선한 사마리아 사람의 비유를 이야기하시고 이 세 사람 중에 누가 강도 만난 자의 이웃이냐 물으실 때는 기어들어가는 목소리로 답했을 겁니다. 예수님께서 이렇게 말씀하십니다.

— **예수께서 이르시되 가서 너도 이와 같이 하라**(37절)

예수님께서는 이제 앞으로 이웃이 누구냐고 가르칠 때 이웃은 이런 사람이라고 가르치라고 말씀하신 게 아닙니다. 너가 율법 교사이고, 하나님 말씀을 가르치는 사람이니 너부터 이렇게 하라 하십니다.

계명이 무거웠던 이유

마태복음 7장 21절에서 27절을 찾아보십시다. 이 단락은 산상수훈 마지막 결론입니다. 산상수훈은 예수님께서 이 땅에 오셔서 행하신 설교 전문이 기록된 첫 설교문입니다. 주님께서 산 위에 모여든 사람에게 설교를 하시다가 마지막 결론을 이렇게 내리십니다.

— **나더러 주여 주여 하는 자마다 다 천국에 들어갈 것이 아니요 다만 하늘에 계신 내 아버지의 뜻대로 행하는 자라야 들어가리라**(마 7:21)

이미 이때부터 예수님을 보고 '주여, 주여' 입으로만 부르는 사람들이 부지기수였던 것입니다. 믿는다는 뜻의 동사 피스튜오가 입증한다는 의미도 가진다고 했습니다. 정말 하나님을 믿는다면 행함으로 믿음을 입증해야 합니다. 그 사람이 하나님 나라에 들어가는 겁니다.

—— **그날에 많은 사람이 나더러 이르되 주여 주여 우리가 주의 이름으로 선지자 노릇하며 주의 이름으로 귀신을 쫓아 내며 주의 이름으로 많은 권능을 행하지 아니하였나이까 하리니**(22절)

여러분, 선지자 노릇을 하려면 말씀을 많이 가르쳤을 것입니다. 나름 말씀에 통달한 사람일 것입니다. 귀신을 쫓아내고 주의 이름으로 권능을 행하면 굉장한 기도의 사람일 것입니다. '주여, 주여' 하면서 얼마나 많이 기도했겠습니까? 그러니까 귀신도 쫓아내고 권능도 행합니다. 요즘 이런 사람들 보고 성령 충만한 사람이라 그러지 않습니까?

—— **그때에 내가 그들에게 밝히 말하되 내가 너희를 도무지 알지 못하니 불법을 행하는 자들아 내게서 떠나가라 하리라**(23절)

무슨 얘기겠습니까? 하나님의 말씀을 가르치면서 선지자 노릇도 하고 기도하면서 귀신도 쫓아내고 권능도 행합니다. 그런데 하나님을 믿어서 자기를 부인하고 하나님 말씀에 순종하기 위함이 아니라 하나님의 이름을 빙자하여 자기 욕망을 채우기 위함인 것입니다. 자기 물욕을 위해서, 명예욕을 위해서, 권력욕을 위해서 하나님의 이름을 빙자하는 사람은 다 불법을 행하는 자들입니다. 입으로는 하나님을 부르지만 실제로는 안 믿는 사람들인 겁니다.

—— **그러므로 누구든지 나의 이 말을 듣고 행하는 자는 그 집을 반석 위에 지은 지혜로운 사람 같으리니**(24절)

하나님의 말씀을 듣고 행하는 사람이 그 집을 반석 위에 세운 지혜로운 사람이 되는 겁니다. 왜 지혜로운 사람입니까?

—— **비가 내리고 창수가 나고 바람이 불어 그 집에 부딪치되 무너지지 아니하나니 이는 주추를 반석 위에 놓은 까닭이요**(25절)

여러분, 이렇게 쉽게 설명할 수 있습니다. 인간의 출생은 죽음을 향한 제1보 아닙니까? 출생하는 순간부터 죽음이 카운트다운되는 것입니다. 영원히 사는 사람이 없으니까 출생했다는 것은 죽음을 향한 열차 위에 탄 겁니다. 어느 역에서 내리느냐 그 차이만 있을 뿐입니다. 그러니까 인간이라는 건 참으로 허망한 존재입니다. 마치 찢으면 그냥 힘없이 찢어지는 종잇조각 같은 겁니다. 그런데 내가 하나님의 말씀을 믿음으로 하나님의 말씀을 행합니다. 하나님의 말씀을 믿는 것을 말씀을 행함으로 입증한다는 것은 연약한 종이쪽에 불과한 나를 반석과도 같은 하나님에게 갖다 붙이는 것입니다. 믿음으로 하나님에게 나를 붙이는 겁니다. 태풍이 와도 떨어지지 않습니다. 내 인생이 무너지지 않습니다. 나는 종이쪽 한 장에 불과하지만 내가 붙어 있는 그 반석이 영원한 하나님이시기 때문입니다. 그래서 말씀대로 행하는 자가 지혜로운 자라는 겁니다.

—— **나의 이 말을 듣고 행하지 아니하는 자는 그 집을 모래 위에 지은 어리석은 사람 같으리니 비가 내리고 창수가 나고 바람이 불어 그 집에 부딪치매 무너져 그 무너짐이 심하니라**(26-27절)

"행하지 아니하는 자"와 "어리석은 사람"을 연결하십시다. 하나님의 말씀을 등지는 사람이 왜 어리석은 사람입니까? 인간이라는 것은 흙에서 태어나서 결국 한 줌의 흙으로 끝나 버립니다. 하나님을 도외시하고 자기를 믿고 자기를 위해서 살아 보십시오. 어느 날 죽음의 창수가 몰아쳤을 때 바람처럼 아무것도 남는 게 없습니다. 쇠가 얼마나 단단합니까? 근데 그 쇠에서 녹이 나옵니다. 분명히 쇠에서 녹이 나왔는데 그 녹이 쇠를 잡아먹어 버립니다. 인간의 욕망이 그렇습니다.

대단히 견고한 인생을 살아가는 것 같은데, 하나님을 등지고 내 욕망을 목적으로 삼고 살아갈 때 욕망이 나를 갉아먹습니다. 그래서 죽음의 창수가 불현듯 덮칠 때 비명 한 번 못 지르고 내 인생은 끝나 버리는 겁니다. 그보다 어리석은 사람이 있겠습니까?

여러분, 여기에서 우리는 대단히 중요한 사실을 정리해야 됩니다. 믿는 사람들이 하나님의 말씀대로 행하는 것을 굉장히 어렵게 생각합니다. 왜 그렇습니까? 하나님을 위해서 내가 하나님 말씀대로 산다고 생각하기 때문입니다. 여러분, 우리가 하나님 말씀대로 행하고 살아야 되는 것은 하나님을 위해서가 절대 아닙니다. 나 한 사람이 하나님 말씀대로 살지 않는다 해도 하나님은 하나님이십니다. 나 한 사람이 하나님의 뜻을 등져도 하나님은 당신의 방법으로 이 세상에 당신의 섭리를 성취하십니다.

하나님의 뜻대로 행하지 않아도 하나님에게는 아무 손해가 가지 않는데 그렇게 살면 나는 망합니다. 나는 죽음의 밥이 되어 버립니다. 그러니까 하나님의 말씀대로 행한다는 것은 하나님을 위해서가 아니라 나를 위해서 하는 겁니다. 나 자신을 위해서 하나님의 말씀을 행해야 된다는 것을 아는 순간부터 하나님의 말씀은 짐이 되지 않습니다. 요한일서 5장 3절 말씀입니다.

—— **하나님을 사랑하는 것은 이것이니 우리가 그의 계명들을 지키는**

것이라(요일 5:3)

계명을 지킨다는 것이 무엇입니까? 행한다는 것입니다. 나의 삶, 나의 행동으로 이 계명이 훼손되지 않도록 지킨다는 것입니다. 하나님을 사랑한다는 것은 입으로만 고백하는 것이 아닙니다. 하나님의 계명을 지키는 것입니다. 행하는 것입니다.

—— **그의 계명들은 무거운 것이 아니로다**(3절)

왜 지금까지 하나님의 계명이 무거웠습니까? 하나님을 위해서 살아드린다고 생각하니까 무거웠던 것입니다. 이 계명대로 사는 것이 내 인생을 위함이고, 내 인생을 영원히 접붙이는 길이라는 것을 알면 하나님의 말씀대로 사는 것은 무거운 일이 아니라는 것입니다.

여러분들 가운데에 돈을 주고 헬스클럽 가서 운동하시는 분들이 계실 것입니다. 왜 돈 들이고 시간 들여서 헬스클럽에 가서 그 무거운 기구를 듭니까? 나에게 유익하기 때문입니다. 그런데 옆집에 사는 사람이 어느 날 나를 찾아옵니다. 내가 암에 걸려서 꼼짝을 못하는데 의사 선생님이 나더러 운동을 해야 된다고 하니 당신이 나 대신 운동을 좀 해달라고 한다 하십시다. 옆집 사람을 위해서 운동을 하면 무거워서 들어지겠습니까? 아닙니다.

내 근육이 생기니까 드는 것입니다. 하나님의 말씀이 이와 똑같습니다. 요한복음 14장 21절입니다.

—— **나의 계명을 지키는 자라야 나를 사랑하는 자니**(요 14:21)

주님의 말씀입니다. 나를 사랑한다고 입으로 고백하는 것이 아니라 내 계명, 내 말, 내 로고스를 지키는 자가 나를 사랑하는 자라고 합니다. 주님을 사랑하는 것은 입이 아니라 삶으로 하는 것입니다.

—— **나의 계명을 지키는 자라야 나를 사랑하는 자니 나를 사랑하는 자는 내 아버지께 사랑을 받을 것이요 나도 그를 사랑하여 그에게 나를 나타내리라**(21절)

나의 계명을 지키는 것은 로고스, 예수 그리스도, 나를 사랑하는 것입니다. 그런데 나를 사랑하는 것은 내 아버지를 사랑하는 것입니다. 그리고 내 계명을 지키면 나도 그에게 나를 나타낸다고 합니다. 바꾸어 말하면 나도 그와 함께 동행한다는 말씀입니다. 하나님의 말씀을 지키고 살아가는 것은 나 자신을 위함이라는 것을 주님께서 일깨워 주시는 것입니다. 정말 하나님을 사랑하고 싶고, 정말 나와 동행하고 싶다면 내 말을 지켜라, 그러면 의식하든 하지 않든 네 삶 가운데에 나는 항상 너와 함께 있겠다는 말씀입니다. 이처럼 하나님을 사랑함으로 하나님의 사랑을 입습니다.

데오빌로의 내려놓음

행함의 사람이 되어야 된다는 것을 오늘의 본문인 사도행전 1장 1절이 강조해 주고 있습니다. 사도행전 1장 1절을 다시 보시겠습니다.

— **데오빌로여 내가 먼저 쓴 글에는**(행 1:1)

말씀드렸듯이 데오빌로는 사도행전을 받는 사람 이름입니다. 내가 이전에 써 보내었던 누가복음의 핵심은 이런 거였다고 씁니다. 그런데 누가가 데오빌로에게 누가복음을 써 보낼 때 누가복음을 쓰게 된 경위를 이렇게 설명합니다. 누가복음 1장 1절에서 4절입니다.

— **우리 중에 이루어진 사실에 대하여 처음부터 목격자와 말씀의 일꾼 된 자들이 전하여 준 그대로 내력을 저술하려고 붓을 든 사람이 많은**

지라(눅 1:1-2)

예수께서 이 땅에 오셔서 행하신 일을 본 목격자들과 그분이 행하신 것을 저술하려는 사람들이 많았다는 것입니다.

—— 그 모든 일을 근원부터 자세히 미루어 살핀 나도 데오빌로 각하에게 차례대로 써 보내는 것이 좋은 줄 알았노니 이는 각하가 알고 있는 바를 더 확실하게 알게 하려 함이로라(3-4절)

세상에 떠도는 예수님 이야기를 데오빌로 당신이 더 확실하게 알 수 있게끔 이 복음서를 써 보낸다고 기록했습니다. 그런데 사도행전 1장에 나온 데오빌로와 누가복음 첫 단락에 나온 데오빌로는 차이가 있습니다. 사도행전 1장에는 데오빌로의 이름만 나와 있습니다. 첫 편지인 누가복음에서는 데오빌로 '각하'라고 했습니다. 각하로 번역된 헬라어 '크라티스토스'(κρὰτιστὸ)는 로마 제국에서 총독 이상의 고위 관리에게만 적용되는 호칭이었습니다. 일반인에게는 적용이 안 되는 호칭입니다. 신약성경에서 각하라고 불린 사람은 사도행전에서 벨릭스 총독과 베스도 총독 두 사람입니다. 그러니까 누가복음을 데오빌로에게 써 보낼 때 데오빌로는 범접할 수 없는 최고위 관리였습니다. 그래서 누가가 예의를 갖추어서 각하라고 불렀습니다.

그런데 데오빌로에게 두 번째 편지를 쓸 때는 '각하'를 빼고 이름만 불렀습니다. 이게 무슨 의미이겠습니까? 누가의 직업이 의사였다 하지만 로마 제국 시스템에서는 평민입니다. 평민이 임의로 '각하'를 빼고 이름만 부르는 일은 있을 수 없습니다. 누가가 써준 복음서를 읽고 예수님을 영접하게 된 데오빌로 각하가 예수님의 행하심을 보고서 예수님의 행하심을 따라 계급장을 내려놓고 형제자매로 만난 것입니다. 앞으로 각하라 하지 말고 데오빌로로 부르라고 한 것입니다. 빌립보서 2장 5절에서 8절입니다.

—— **너희 안에 이 마음을 품으라 곧 그리스도 예수의 마음이니 그는 근본 하나님의 본체시나 하나님과 동등됨을 취할 것으로 여기지 아니하시고 오히려 자기를 비워 종의 형체를 가지사 사람들과 같이 되셨고 사람의 모양으로 나타나사 자기를 낮추시고 죽기까지 복종하셨으니 곧 십자가에 죽으심이라**(빌 2:5-8)

"너희 안에 이 마음을 품으라"는 명령형입니다. 바꾸어 말하면 너희 안에 이 마음을 품고 행하면서 살라는 뜻입니다. 예수님께서 하나님과 본체가 같으심에도 자기를 낮추어서 너희들과 같아지셨고, 너희들을 살리기 위해서 십자가에 못 박혀 돌아가셨으니 이 마음을 품고 살라는 뜻입니다. 이 예수님을 데오빌로가 만난 것입니다. 이 예수님을 만난 데오빌로가 믿음의 형제자매들에게 각하 소리를 듣겠습니까? 밖에서는 각하이지만 예배당 안에 들어와서 스스로 계급장을 떼고 거기 있는 사람들과 같이 자기를 낮춘 겁니다. 그래서 누가가 두 번째 편지에서는 "데오빌로여"라고 불렀던 것입니다.

'데오빌로'는 두 단어가 합쳐진 이름입니다. '데오'는 테오(theo), 하나님입니다. '필로'(philus)는 '친구'라는 뜻도 있지만 '사랑'입니다. 데오빌로는 '하나님을 사랑하는 사람', '하나님의 사랑을 입은 사람' 두 뜻이 다 가능합니다. 그러니까 데오빌로는 하나님을 사랑함으로 하나님의 사랑을 입은 사람인 것입니다. 그 사람의 이름이 사도행전 1장 첫머리에 새겨졌습니다. 하나님의 말씀을 따라 행하면서 하나님을 사랑하면 하나님의 사랑을 입는 데오빌로가 되니 너희들도 이렇게 살라는 말입니다.

하나님의 말씀대로 산다고 하면 우리말에서는 조금 추상적입니다. 그런데 프랑스어는 이 말을 아주 구체적으로 표현합니다. 프랑스어로 '하나님 말씀대로 살아간다'를 직역하면 '하나님의 말씀을 행함 속에 집어넣는다'입니다. 하나님의 말씀대로 살아간다는 것은 하나님의 말씀을 내 손에 집어넣는 것입니다. 하나님이 말씀하시는 대로 내 손이 움직이는 것입니다. 하나님의 말씀을 내 발에 집어넣는 것입니다. 하나님의 말씀을 내 입에, 눈에 집어넣는 것입니다. 그래서 하나님의 말씀대로 행하니까 하나님의 말씀이 내 삶을 통해서 육신을 입는 것입니다. 그래서 내 삶이 세상을 변화시키고 하나님이 나를 데오빌로로 삼아 주시는 것입니다.

사랑하는 교우 여러분, 하나님의 말씀을 우리의 손과 발에 집어넣으십시다. 하나님의 말씀대로 행하며 하나님을 사랑하는 데오빌로가 되십시다. 그러므로 하나님의 사랑을 입는 데오빌로가 되십시다. 그때부터 하나님께서는 울산더함교회를 이 세상을 맑히고 밝히는 당신의 행회로 사용하실 것입니다. 기도하시겠습니다.

> 하나님, 울산더함교회가 울산더함행회가 되게 해주시기를 간구합니다. 하나님의 말씀대로 행하며 사는 것은 하나님을 위함이 아니라 우리 자신을 위함임을 잊지 않게 해주십시오. 그러하기에 하나님의 말씀은 우리에게 무거운 짐이 아니라 우리를 살리는 생명의 말씀인 것을 마음에 각인하며 살아가게 도와주시옵소서. 그렇게 살아가는 당신의 아들과 딸들을 이 땅에 당신의 행회로 굳게 세워 주시고, 이 공동체를 통해 울산 땅이 새로워지는 역사가 날마다 일어나게 하여 주시옵소서. 예수님의 이름으로 기도드립니다. 아멘.

아브람의 일행 롯도 양과 소와 장막이 있으므로 그 땅이 그들이 동거하기에 넉넉하지 못하였으니 이는 그들의 소유가 많아서 동거할 수 없었음이니라 그러므로 아브람의 가축의 목자와 롯의 가축의 목자가 서로 다투고 또 가나안 사람과 브리스 사람도 그 땅에 거주하였는지라 아브람이 롯에게 이르되 우리는 한 친족이라 나나 너나 내 목자나 네 목자나 서로 다투게 하지 말자 네 앞에 온 땅이 있지 아니하냐 나를 떠나가라 네가 좌하면 나는 우하고 네가 우하면 나는 좌하리라 이에 롯이 눈을 들어 요단 지역을 바라본즉 소알까지 온 땅에 물이 넉넉하니 여호와께서 소돔과 고모라를 멸하시기 전이었으

므로 여호와의 동산 같고 애굽 땅과 같았더라 그러므로 롯이 요단 온 지역을 택하고 동으로 옮기니 그들이 서로 떠난지라 아브람은 가나안 땅에 거주하였고 롯은 그 지역의 도시들에 머무르며 그 장막을 옮겨 소돔까지 이르렀더라 소돔 사람은 여호와 앞에 악하며 큰 죄인이었더라 롯이 아브람을 떠난 후에 여호와께서 아브람에게 이르시되 너는 눈을 들어 너 있는 곳에서 북쪽과 남쪽 그리고 동쪽과 서쪽을 바라보라 보이는 땅을 내가 너와 네 자손에게 주리니 영원히 이르리라 내가 네 자손이 땅의 티끌 같게 하리니 사람이 땅의 티끌을 능히 셀 수 있을진대 네 자손도 세리라 너는 일어나 그 땅을 종과 횡으로 두루 다녀 보라 내가 그것을 네게 주리라 이에 아브람이 장막을 옮겨 헤브론에 있는 마므레 상수리 수풀에 이르러 거주하며 거기서 여호와를 위하여 제단을 쌓았더라(창 13:5-18)

3

헤브론인가 소돔인가?

산상수훈은 신약성경에 기록된 예수님의 첫 번째 설교 전문이라고 했습니다. 무엇이든지 처음 것이 중요합니다. 예수님의 첫 번째 설교 전문이 기록되었다는 것은 그 설교가 우리에게 그만큼 큰 비중이 있는 설교이기 때문일 것입니다. 그 산상수훈의 마지막 결론을 어제 함께 살펴보았습니다. "주여, 주여" 입으로만 부르는 것이 믿음이 아니라 하나님의 뜻대로 행하는 것이 믿음입니다. 하나님의 뜻대로 행하는 사람이 지혜로운 사람입니다. 아무리 부자라 할지라도 하나님의 말씀을 등진 사람은 어리석은 사람입니다. 그것이 산상수훈의 결론이었습니다.

그리고 하나님의 말씀을 가르치는 것으로 밥 먹고 사는 율법교사에게 하나님의 말씀을 가르치려 하기 전에 먼저 하나님의 사랑을 행하는 자가 되라고 하십니다. 내가 먼저 행하면서 가르칠 때에 그것이 생명의 가르침이 됩니다.

예수님께서 이 땅에 오셔서 행하심이 전제되지 않고 사람을 가르치기만 하셨다고 하면 그 가르침은 공허한 가르침이었을 것입니다. 그리고 2천 년 전에 허공 속으로 다 사라지고 말았을 것입니다. 주님의 가르침이 우리에게 생명의 말씀이신 것은 이 땅에 인간의 몸을 입고 오셔서 구원자로서 먼저 삶을 행하셨기 때문입니다. 그 행함이 전제되었기 때문에 한 말씀 한 말씀이 우리의 가슴을 치고 우리에게 생명의 양약이 되는 것입니다.

믿음과 입증

야고보서를 기록한 야고보는 예수님의 동생입니다. 예수님은 성령으로 동정녀 마리아에게서 태어났습니다. 야고보는 요셉과 마리아 사이에서 태어났습니다. 엄밀하게 얘기하면 성자 하나님이신 예수님과 야고보는 형제지간이 될 수 없습니다. 하지만 세상의 관점에서 마리아라는 여인의 태에서 같이 태어났다는 의미에서 그 둘을 형제지간이라고 부릅니다.

야고보가 예수님의 형제였기 때문에, 예수님과 같이 마리아의 태에서 나온 사람이었기 때문에 초대교회의 지도자 역할을 했습니다. 사람들이 야고보의 말 한 마디 한 마디를 그만큼 비중있게 들었던 것입니다. 이 야고보 사도도 행함으로 입증되는 믿음을 강조합니다. 왜냐하면 우리말로 '믿는다'는 구체적으로 드러나지 않지만, 헬라어로 '믿는다'는 의미의 동사 피스튜오는 '입증한다'는 말이기 때문입니다.

여러분, 우리가 의식하지는 않지만 일상생활 속에서 믿기 때문에 행하는 일들이 많습니다. 만약에 어떤 분이 "목사님, 내일 아침 9시에 목사님 댁에 찾아가겠습니다"라고 한다면 저는 아침에 일어나서 8시부터 만남을 준비합니다. 그 사람의 말을 믿기 때문입니다. 만약에 그 사람이 평소에 거짓말만 하고, 무슨 말을 해도 지킨 적이 없는 사람이라면 아무도 9시에 그 사람을 기다리지 않을 것입니다.

이처럼 우리도 일상생활 속에서, 사람과의 관계에서 믿기 때문에 하는 행동이 굉장히 많습니다. 믿기 때문에 행동으로 입증되는 것입니다. 그런데 하나님과의 관계에서 믿는다고 하면서도 삶으로 입증이 안 됩니다. 오늘 이 시대뿐만 아니라 2천 년 전에도 그랬던 것입니다. 그래서 예수님의 동생 야고보 사도가 당시에 입으로만 믿는다는 사람들을 이렇게 질타했습니다. 야고보서 2장 20절에서 24절을 우리 함께 찾아보십시다.

—— **아아 허탄한 사람아 행함이 없는 믿음이 헛것인 줄을 알고자 하느냐**(약 2:20)

"허탄한 사람"은 '어리석은 인간'이라는 말입니다. '어리석은 인간아, 행함이 없는 믿음이 헛것인 줄 알고자 하느냐'라고 지금 강조하는 것입니다. 쉽게 표현하면 행함으로 입증되지 않는 믿음은 믿음이 아닌 것을 알지 못하느냐는 말입니다.

—— **우리 조상 아브라함이 그 아들 이삭을 제단에 바칠 때에 행함으로**

의롭다 하심을 받은 것이 아니냐(21절)

하란에서 잘 살고 있는 아브라함에게 하나님의 말씀이 임했습니다. 본토 친척 아비 집을 떠나서 내가 명령하는 땅으로 가라는 것입니다. 하나님께서는 그 땅에 대한 어떤 정보도 주시지 않았습니다. 그 땅이 얼마나 먼 곳인지도 말씀해 주시지 않았습니다. 내가 명령하는 땅으로만 가라는 겁니다. 그렇게 하면 내가 너를 복으로 삼고, 너로 하여금 큰 민족을 이루게 해주겠다고 한 그 말씀을 아브라함은 믿었습니다. 언뜻 생각하면 참 황당한 얘기 아닙니까?

나이 일흔다섯이 되기까지 아내와의 사이에서 자식 한 명 낳지 못한 사람입니다. 그런데 너로 큰 민족 이루게 해줄 테니 내가 지시하는 땅으로 가라는 말씀을 황당한 소리로 듣지 않고 믿었기 때문에 아브라함은 행함으로 입증했습니다. 그 미지의 땅으로 가솔을 다 데리고 갔습니다. 큰 민족을 이루게 해주겠다고 약속하셔서 미지의 땅 가나안으로 갔는데 큰 민족은커녕 자식 한 명 태어나지 않는 것입니다.

옛날 중동에서는 자식을 낳지 못하는 경우에 양자를 입양했는데 입양된 자식도 혈연 자식과 똑같이 취급을 했습니다. 그래서 아브라함이 '우리 집 청지기 엘리에셀이 정말 신실한 청년인데 저 엘리에셀을 내가 양자로 삼아야 되겠다'라고 생각할 때였습니다. 하나님께서 아브라함을 데리고 밖으로 나가셨습니다. "아브라함아, 저 하늘을 좀 보거라." 중동에 가면 밤하늘의 별빛을 방해하는 장애물이 없으니까 별이 쏟아집니다. 그 별들을 보여 주시면서 "아브라함아, 네 자식이 저 하늘의 별처럼 많아질 것이다"라고 하나님이 말씀하십니다. 지금 이 순간까지 자식이 없습니다. 그런데 하시는 말씀이 "너희 집 종지기 엘리에셀이 아니고 네 몸에서 태어날 자식이 네 자식이다. 그 후손들이 저 별처럼 많아질 것이다"입니다.

이것 역시 아브라함 입장에서는 황당한 이야기입니다. 그런데 아브라함은 하나님의 그 말씀을 또 믿었습니다. 일흔다섯에 가나안으로 이주할 때 자식 한 명 없었고, 이주해서 몇 년이 지났는데도 자식이 없어서 엘리에셀을 양자로 삼을까 생각했으니까 지금 팔십이 넘은 것입니다. 그런데 네 후손을 저 하늘의 별처럼 많게 해줄 것이라는 하나님의 말씀을 아브라함은 황당하게 여긴 것이 아니라 백 퍼센트 믿었습니다.

—— **아브람이 여호와를 믿으니 여호와께서 이를 그의 의로 여기시고**

(창 15:6)

아브라함은 그 별을 보면서 "하나님, 저 당신의 말씀을 믿습니다"라고 했습니다. 그런데 하나님께서 그 아브라함의 믿음을 의로 여기십니다. 하나님은 시공을 초월하시는 분입니다. 지금 야고보 사도는 아브라함이 여호와를 믿는다는 이야기와 아브라함이 이삭을 제물로 바치는 것을 합칩니다. 시공을 초월하시는 하나님 앞에서 이삭을 제단에 바칠 때에 행함으로 의롭다 하심을 받은 것이 입증되었다고 이야기를 합니다. 백 살이 되어서 아브라함이 진짜 아들을 얻었습니다. 아내는 당시에 이미 경수가 끊어져서 과학적으로는 아이를 낳을 수 없는 상태였습니다. 그런데 자기 아내가 아들을 낳은 겁니다. 여러분, 백 세에 낳은 아들인데 얼마나 귀하겠습니까?

제가 서른일곱 살에 첫아들을 얻었습니다. 아내가 분만실에 들어갔습니다. 지금은 남편이 같이 들어가지만 그때만 해도 남편은 밖에서 기다리고 있었습니다. 의사가 나오면서 "아들입니다"라고 하는데 갑자기 눈물이 핑 돌았습니다. 제가 2대 독자입니다. 그때는 휴대폰이 없던 시절이기 때문에 어머니에게 전화를 하려고 공중전화로 뛰어가는데 인턴이 한 명 지나갑니다. 제가 영락교회 전도사로 섬길 때 그 교회에 있던 청년이었습니다. 저하고 친한 사이도 아닙니다. 제가 그 청년한테 달려가서 무작정 손을 잡으면서 "나 지금 아들 낳았어요" 했습니다. 그러니까 이 청년이 '지금 무슨 소리하는 거지?' 쳐다보는 겁니다. 서른일곱에 아들을 봐도 기뻤는데 백 살에 아들을 낳았으면 그 기쁨이 어느 정도겠습니까? 얼마나 귀한 아들이겠습니까?

그 아들을 내가 지시하는 산으로 가서 번제로 바치라고 하나님이 말씀합니다. 번제는 제물의 껍질을 벗기고 각을 떠서 하나도 남김 없이 하나님 앞에 태워 버리는 제사입니다. 네 사랑하는 아들을 데리고 가서 껍질을 벗기고 각을 떠서 한 점도 남지 않게 전부 다 재로 태우라는 것이 하나님의 명령입니다.

네 아들에게 손대지 말라

아브라함은 한마디 이의도 제기하지 않습니다. 자기 아들을 데리고 하나님께서 지시하신 모리아 산으로 갔습니다. 산 아래에 도착해서 자기를 따라온 종들은 기다리게 하고 아들을 데리고 올라가는데 번제단에 쓸 나무는 아들 이삭이 지고 올라갔습니다. 나무를 지고 올라갔으니까 이삭이 다섯, 여섯 살 정도가 아닙니다. 대부분의 주경학자들은 당시에 이삭의 나이가 10대였을 것으로 생각합니다. 나무를 지고 올라간 아들을 제단 위에 눕히고, 결박하고, 번제로 바치기 위해서 칼을 들어 내리치려고 하는 겁니다.

여러분, 아무리 믿음이 좋아도 자기 자식을 죽일 수 있습니까? 그런데 하나님께서 가나안 땅을 주신다고 약속하신 것은 '너와 네 자식'입니다. 자식에게 주신다고 약속하신 겁니다. 그리고 그 자식은 네 몸에서 태어난 자식입니다. 만약 하나님의 명령에 순종해서 내가 이 자식을 칼로 찔러 버리면 하나님의 약속은 거짓말이 되는 겁니다. 내 아들한테 이 땅을 준다고 하셨는데 말입니다. 그러니까 아브라함은 뭘 믿었던 것입니까? 하나님이 내 자식에게 이 땅을 주겠다고 약속하셨고, 내가 하란에서 떠나온 이후 지금까지 삶을 돌아보건대 하나님은 한 번도 나에게 거짓말하신 분이 아니기 때문에 내가 설령 칼로 이 아이의 심장을 찌른다 할지라도 하나님께서 다시 살려 주실 것이라고 믿은 것입니다. 이것이 믿음입니다.

한번 생각해 보십시오. 이삭을 결박해서 묶습니다. 그때 이삭은 10대 청소년이라고 했습니다. 열다섯 살이라고 생각을 해보십시다. 이 아들이 올라가면서 아버지한테 물었습니다. "아버지, 번제에 쓸 불은 들고 가는데 왜 제물은 안 들고 가나요?" 그랬더니 아브라함이 대답합니다. "제물은 하나님께서 친히 준비하실 거야." 그 아버지가 올라가서 자식을 결박합니다. 네가 제물이라고 제단에 눕힙니다. 10대 청소년이 순순히 듣겠습니까? 아버지가 칼로 자기를 죽인다는데 그 자리에서 도망가면 110세가 넘는 늙은 아버지가 어떻게 자기를 찾겠습니까?

그런데 이 아들이 아버지에게 순순히 순종했습니다. 그러면 성경에 생략된 부분이 있는 것입니다. 아브라함이 아들을 결박하기 전에 아들의 눈을 들여다보면서 이야기하는 겁니다. "이삭아, 지금부터 하나님의 명령에 의해서 너를 번제로 아빠가 잡을 거야. 그런데 아빠는 믿어. 설령 네가 죽어도 하나님께서 다시 살려 주실 것을 아빠는 믿어. 하나님께서 가나안 땅을 너한테 주신다고 약속하셨기 때문이야. 아빠 믿지?" 이삭은 하나님을 믿는 게 아닙니다. 하나님을 믿는 아브라함의 믿음이 아들에게 전이된 것입니다. 그래서 아버지가 결박하는 대로 아들이 결박을 당합니다. 그리고 번제단 위에 누웠습니다.

하나님이 그때 "아브라함아, 네 믿음을 내가 보았다"라고 하지 않으셨습니다. 아브라함이 칼을 뽑았습니다. 그리고 칼을 들어서 심장에 칼을 내리꽂으려는 순간에 하나님께서 말씀하셨습니다. "네 아들한테 손대지 마라. 내가 네 믿음을 보았다." 그 순간에 아브라함의 믿음은 입으로만 고백하는 것이 아니라 그의 삶으로 입증된 것입니다. 지금 시공간을 초월해서 야고보가 그 얘기를 하는 것입니다.

—— **네가 보거니와 믿음이 그의 행함과 함께 일하고 행함으로 믿음이 온전하게 되었느니라**(약 2:22)

아브라함의 믿음이 그의 행함으로 입증되었다는 말입니다. 입증된 그의 행함으로 그 믿음이 참된 믿음이라는 것이 드러났습니다.

—— **이에 성경에 이른 바 아브라함이 하나님을 믿으니 이것을 의로 여기셨다는 말씀이 이루어졌고 그는 하나님의 벗이라 칭함을 받았나니** (23절)

창세기 15장 6절의 믿었다는 말씀과 이삭 번제 사건을 지금 시공을 초월해서 야고보가 이야기하는 겁니다. 이사야 41장 8절을 보면 하나님께서 '아브라함은 나의 벗'이라고 하십니다. 아들을 하나님께 바치기까지 믿음이 행동으로 입증될 때 하나님께서 아브라함을 사랑하셔서 너는 나의 벗이라고 하십니다. 아브라함의 굳건한 믿음의 뿌리가 어디에 있었는가를 오늘 본문이 일깨워 줍니다. 24절 한 절만 더 보십시다.

—— **이로 보건대 사람이 행함으로 의롭다 하심을 받고 믿음으로만은 아니니라**(24절)

이 본문을 공동번역이 쉽게 설명해서 번역했습니다.

—— **그러므로 여러분은 사람이 믿음만으로 하나님과 올바른 관계를 가지게 되는 것이 아니라 행동이 뒤따라야 한다는 것을 알아 두십시오.**

여기에서 믿음은 입술만의 믿음입니다. 입으로만 믿는다고 하는 그 믿음으로 하나님과 바른 관계를 맺게 되는 것이 아니라 행동이 뒤따라야 합니다. 행동으로 입증되는 믿음이라야 하나님과 바른 관계가 형성될 수 있습니다. 아브라함은 행동으로 그의 믿음이 입증되는 사람이었습니다.

포기한 기득권

아브라함의 믿음의 뿌리가 어디였는지 오늘 본문 창세기 13장 5절에서 18절을 살펴보겠습니다. 여기 나오는 아브람은 아브라함의 옛 이름입니다. 아브라함이 하나님의 말씀을 받아서 하란에서 가나안으로 이주할 때 그의 조카 롯도 삼촌 아브라함을 따라갔습니다.

—— **아브람의 일행 롯도 양과 소와 장막이 있으므로 그 땅이 그들이 동거하기에 넉넉하지 못하였으니 이는 그들의 소유가 많아서 동거할 수 없었음이니라**(창 13:5-6)

가나안으로 갈 때에 아브라함이 자기 가솔과 가축을 다 데리고 왔습니다. 롯도 자기 가솔과 가축을 다 데리고 왔습니다. 한 곳에 모여서 살다 보니까 가축이 너무 많이 번식을 했습니다. 초지는 한정되어 있는데 가축은 많아져서 한곳에 살기가 어렵게 되었습니다.

—— **그러므로 아브람의 가축의 목자와 롯의 가축의 목자가 서로 다투고 또 가나안 사람과 브리스 사람도 그 땅에 거주하였는지라**(7절)

그 땅에는 아브라함 가솔과 롯 가솔만 산 게 아니라 오래전부터 그 땅에서 살던 가나안과 브리스 원주민들도 살고 있었습니다. 서로 좋은 꼴을 먹이기 위해서 목자들이 다투는데, 누구의 목자들이 다투고 있습니까? 삼촌 아브라함과 조카 롯의 목자들이 지금 다투는 것입니다. 소유가 많아지면 항상 싸웁니다. 그래서 소유가 얼마나 많으냐가 자랑거리가 아니라 내가 소유를 초월한 사람인가가 자랑거리여야 합니다. 소유를 초월하는 사람일 때에만 소유가 많아져도 수단으로 남습니다. 많아진 소유로 인해서 다른 사람과 다투지 않습니다. 이 물질관이 그리스도 안에서 확립되지 않으면 물질이 많아진 경우 그리스도인이라고 해서 성자가 되지 않습니다. 예수님을 믿는 사람들 가운데 아버지, 어머니 재산 놓고 싸우는 사람들 부지기수입니다. 이 자리에도 그런 분이 한두 분 앉아 있는지 모르겠습니다.

—— **아브람이 롯에게 이르되 우리는 한 친족이라 나나 너나 내 목자나**

네 목자나 서로 다투게 하지 말자(8절)

목자들이 얼마나 심하게 다투었는지 아브라함이 롯에게 너와 나는 한 혈족인데 목자들이 서루 다투게 하지 말자고 합니다. 한글 성경에는 번역이 빠져 있는데 히브리 원어에는 아브라함의 말 중에 '제발'이 들어 있습니다. 무슨 얘기입니까? 롯이 공격적이었다는 말입니다. 더 좋은 초지를 차지하기 위해서 아브라함의 목자들을 축출하도록 자기 목자들을 부추겼다는 말입니다. 그러면 아브라함은 그 다툼을 어떻게 해결했습니까?

—— **네 앞에 온 땅이 있지 아니하냐 나를 떠나가라**(9절)

여기까지만 보면 내가 이 땅 차지하고 있을 테니 네가 새로운 초지를 찾아가라는 말처럼 보이지 않습니까? 그런데 이어서 이렇게 이야기합니다.

—— **네가 좌하면 나는 우하고 네가 우하면 나는 좌하리라**(9절)

선택권을 조카한테 주었습니다. 여러분, 지금 아브라함의 말은 자기의 기득권을 송두리째 포기했다는 의미입니다. 첫째로, 혈연상의 기득권을 포기했습니다. 아브라함은 삼촌입니다. 조카는 롯입니다. 당시에는 한 가문에서 서열이 철저했습니다. 그러니까 삼촌의 기득권으로 얼마든지 조카를 떠나가게 할 수 있었습니다. 그런데 네가 먼저 택하라는 것은 삼촌의 기득권을 버린 것입니다.

둘째로, 번식한 가축 소유의 기득권을 버린 것입니다. 지금 롯이 누구를 따라와서 가축이 많아졌습니까? 아브라함을 따라와서 가축이 많아졌습니다. "하란에 그대로 살았으면 가축이 얼마 없었을 텐데 나를 따라와서 이렇게 번창했으니 다른 데 가라"라고 하지 않았습니다. 무엇보다도 세 번째로 그 땅에 대한 기득권을 포기한 것입니다. 그 땅은 하나님께서 내가 지시하는 땅으로 가라며 아브라함에게 주신 땅입니다. 롯에게 주신 땅이 아닙니다. 롯은 더부살이로 따라온 사람입니다. 그런데 아브라함이 그 땅에 대한 기득권을 포기했습니다. 그러면 다툼이 해결되는 겁니다. 여러분, 아무리 작은 기득권이라도 기득권을 포기하는 것은 실은 인생을 양보하는 것과 같습니다.

하나님께서 지시하는 땅으로 가솔과 가축을 다 데리고 갔는데 그 땅에 대한 기득권을 조카에게 양보하는 것은 하란에서의 모든 권리를 포기하고 가나안으로 이주한 자기 인생 자체를 지금 양보하는 것입니다. 이런 사람이 피스 메이커입니다. 내 것을 포기하고 화평을 이루는 사람들을 하나님은 내버려 두시지 않습니다.

나중에 다시 결론에 가서 보시겠습니다마는 아브라함이 진심으로 다 포기했는데 그 땅은 여전히 아브라함 것이었습니다. 롯이 잘못 선택한 겁니다. 내가 뭔가 양보했는데 그 사람이 그냥 가져갔다면 그건 본래 내 것이 아닙니다. 나에게 있어야 할 것이라면 내가 백 번 양보해도 나에게 주시는 분이 하나님이십니다.

—— 이에 롯이 눈을 들어 요단 지역을 바라본즉 소알까지 온 땅에 물이 넉넉하니(10절)

지금 아브라함과 롯이 있는 지역은 벧엘입니다. 그 지역에서 남쪽을 내려다보니까 요단 들이 보입니다. 아주 멋져 보입니다.

—— 여호와께서 소돔과 고모라를 멸하시기 전이었으므로 여호와의 동산 같고 애굽 땅과 같았더라(10절)

여러분, 상식적으로 삼촌이 모든 기득권을 조카한테 양보를 하면 조카는 어떻게 해야 되겠습니까? "삼촌이 먼저 선택하시면 남은 땅 제가 선택할게요"라고 하거나 "본래 이 땅은 하나님께서 삼촌에게 약속하신 땅이니까 제 가솔과 가축들 데리고 빈 땅을 찾아가겠습니다"라고 해야 되지 않겠습니까? 그런데 롯은 삼촌이 양보하는 그 권리를 덥석 받았습니다. 욕심이 가득한 사람입니다. 자기가 먼저 권리를 행사하기 위해서 남쪽 요단 들을 쳐다보니 그 땅이 비옥해 보이고 물이 넉넉한데 에덴동산처럼 보이고 애굽 땅처럼 보입니다.

여러분, 에덴동산과 애굽 땅은 절대 같은 곳이 아닙니다. 에덴동산은 하나님 나라의 모형입니다. 거기는 빛의 세상입니다. 애굽 땅은 성경에서 죄악의 땅입니다. 거기는 어둠의 땅입니다. 그래서 에덴동산과 애굽은 항상 상반되는 관계에 있습니다. 그런데 욕심에 눈이 멀고 나니까 롯의 눈에 애굽 땅과 에덴동산이 똑같아 보였습니다.

—— **그러므로 롯이 요단 온 지역을 택하고 동으로 옮기니 그들이 서로 떠난지라 아브람은 가나안 땅에 거주하였고 롯은 그 지역의 도시들에 머무르며 그 장막을 옮겨 소돔까지 이르렀더라**(11-12절)

롯은 남쪽이 에덴동산처럼 보여서 계속 장막을 옮기다가 소돔까지 이르렀습니다. 당시 소돔이 환락과 쾌락과 번영의 도시였기 때문입니다. 살던 곳과 비교할 수 없을 정도로 멋져 보이는 곳입니다. 롯이 그곳으로 갔습니다.

—— **소돔 사람은 여호와 앞에 악하며 큰 죄인이었더라**(13절)

롯은 그곳이 좋고 그곳 사람들이 멋진 겁니다. 그래서 처자식을 다 데리고 그 땅으로 갔습니다. 결과는 파멸이었습니다. 여러분들은 지금 무엇이 멋져 보입니까? 어떤 사람이 멋져 보입니까? 여기에 대한 분별력이 없으면 세상 사람들로부터 멋지게 보여도 하나님 보시기에 죄인일 수 있습니다.

—— **롯이 아브람을 떠난 후에**(14절)

모든 기득권을 양보했는데 조카가 마치 자기 권리인양 덥석 받아서 자기를 떠나 저 남쪽으로 내려갈 때 그 조카의 뒷모습을 쳐다보며 아브라함은 얼마나 상심했겠습니까?

—— **여호와께서 아브람에게 이르시되 너는 눈을 들어 너 있는 곳에서 북쪽과 남쪽 그리고 동쪽과 서쪽을 바라보라**(14절)

그동안 가나안에서 함께 살던 혈육은 떠났는데 아브라함은 혼자가 아니었습니다. 하나님께서 함께하고 계신 겁니다. 자기의 모든 기득권을 양보했던 아브라함을 위로하시고 격려하시기 위해서 주님께서 다시 찾아오신 겁니다.

—— **보이는 땅을 내가 너와 네 자손에게 주리니 영원히 이르리라**(15절)

눈에 보이는 땅을 다 너와 네 자식에게 줄 텐데 그 유효 기간이 영원이라고 합니다. 이전에 하신 약속에는 기한이 없었습니다. 그런데 자기의 기득권을 조카를 위해서 양보하는 그 행함의 믿음을 보신 하나님께서 약속을 확장시켜 주셨습니다.

―― **내가 네 자손이 땅의 티끌 같게 하리니 사람이 땅의 티끌을 능히 셀 수 있을진대 네 자손도 세리라**(16절)

여러분, 티끌은 먼지라는 말인데 이 세상에 있는 먼지를 우리가 다 셀 수 있겠습니까? 먼지를 셀 수 있으면 네 자손의 숫자를 셀 수 있다는 말은 반어법입니다. 먼지의 수를 셀 수 없듯이 너의 자식도 절대 셀 수 없을 정도로 많아질 것이라고 합니다.

―― **너는 일어나 그 땅을 종과 횡으로 두루 다녀 보라 내가 그것을 네게 주리라**(17절)

여러분, 일류 도공과 삼류 도공의 차이를 아십니까? 도공이 고령토를 가지고 화병 모양을 만들어서 가마에 넣어 구워 냅니다. 자기가 쏟은 정성이 너무 아까워서 가마에서 나온 작품을 하나도 버리지 못하고 다 시장에 가서 파는 사람은 삼류 도공입니다. 소위 예술가라 불리는 일류 도공들은 어떤 사람인 줄 아십니까? 아무리 정성을 들여서 진흙으로 빚고 가마에서 구워 나온 작품이라도 마음에 흡족하지 않으면 미련 없이 깨버립니다. 그 사람이 작품을 얻는 것입니다. 그 사람이 일류 도공입니다.

우리 앞의 두 가지 흐름

아브라함이 자기 기득권을 조카를 위해 미련 없이 버릴 때 하나님께서는 그를 더 세워 주십니다. 여러분, 우리라면 어떻게 하겠습니까? 하나님께서 지금 우리에게 나타나셔서 동서남북 보이는 땅, 네 발자국이 닿는 땅 다 주겠다고 하신다면 제일 좋은 망원경을 사고, 제일 좋은 운동화를 사서 숨이 차도록 뛰어다니지 않겠습니까?

〈인간에게 얼마만큼의 땅이 필요한가〉라는 톨스토이의 짧은 작품이 있습니다. 가난한 소작농 파홈은 아무리 농사를 지어도 자기 밭을 가질 수 있는 가능성이 없습니다. 그런데 바시키르 사람들이 사는 땅으로 가면 땅을 원하는 대로 아주 싸게 얻을 수 있다는 소문을 듣습니다. 그래서 가족을 데리고 바시키르 사람들의 땅으로 갔습니다. 그곳 촌장이 나오더니 천 루블을 내면 아침부터 해질 녘 돌아올 때까지 밟은 땅을 다 주겠다는 겁니다. 파홈이 천 루블을 빌려서 냈습니다. 밤에 잠을 못 잤습니다. 얼마나 흥분되겠습니까?

아침이 되어서 파홈이 뛰기 시작했습니다. 정오가 지나서 출발점으로 돌아갈 때가 됐는데 한 발짝 가면 갈수록 땅이 더 비옥해집니다. 그런데 해가 질 때까지 못 돌아오면 무효가 되니까 해가 지기 전까지 되돌아가기 위해서 있는 힘을 다해 뛰어갔습니다. 얼마나 용을 썼던지 출발점에 도착한 파홈은 피를 토하고 즉사했습니다. 그리고 그에게 주어진 땅은 관이 딱 들어가는 반 평이었습니다.

톨스토이가 불경에 영향을 많이 받았다고 합니다. 그런데 불교에도 이런 이야기가 있습니다. 앞부분은 똑같습니다. 어느 사람이 해질 때까지 밟고 오는 땅을 준다고 해서 뛰어갑니다. 아주 멀리까지 갔다가 다시 돌아왔는데 출발점에 다 와서 숨이 차서 죽습니다. 쓰러져 죽으면서 들고 있던 지팡이를 던집니다. 거기까지가 자기 땅이라는 겁니다. 그런데 그 사람에게 주어진 땅도 관이 들어가는 반 평이었습니다. 아브라함도 얼마나 뛰어갈까, 내 시력으로 얼마나 넓은 땅을 볼까 하는 순간인 겁니다.

—— **이에 아브람이 장막을 옮겨 헤브론에 있는 마므레 상수리 수풀에 이르러 거주하며 거기서 여호와를 위하여 제단을 쌓았더라**(18절)

하나님께서 네 발이 닿는 땅을 다 주겠다고 약속하시는데 아브라함은 한 걸음도 뛰어나가지 않습니다. 단 한 군데도 저기까지 보이는 땅을 달라고 하지 않습니다. 아브라함은 장막을 옮겨서 헤브론에 있는 마므레 상수리 숲에 이르러 거기에 살면서 여호와를 위하여 제단을 쌓았습니다.

아이 생일날 아빠, 엄마가 선물을 사서 들고 갑니다. 그러면 대부분 아이들이 "아빠 오셨어요?" "엄마 오셨어요?" 하고는 손을 봅니다. 선물을 낚아채는 순간부터 아빠, 엄마는 필요 없습니다. 선물 열어서 그것 가지고 놉니다. 선물을 받는 순간에 아빠를 보지 않는 건 그 순간에 선물이 더 소중한 겁니다.

아브라함은 그렇게 하지 않았습니다. 하나님께서 네 발이 닿는, 눈에 보이는 땅을 다 주겠다고 하시는데 땅보다 하나님을 소중히 여겼습니다. 왜 이 순간에 아브라함이 헤브론 마므레 상수리 수풀에서 제단을 쌓습니까? 히브리 사전을 펴면 마므레는 교제의 자리라고 적혀 있습니다. '마므레'는 '열렬하다', '뜨겁다'는 말입니다. 아브라함은 눈에 보이는 땅이 아니라 하나님과 뜨겁게 교제하는 자리를 선택했습니다. 아브라함이 우연히 믿음의 조상이 된 것이 아닙니다. 이런 뿌리를 가지고 있는 사람이고, 믿음으로 아들 이삭을 하나님 앞에 바치는 행함이 드러나는 사람입니다. 그래서 하나님의 벗이 되고, 믿음의 조상이 될 수 있었던 것입니다.

세월이 흘렀습니다. 아브라함이 하나님과 뜨겁게 교제했던

이 헤브론에서 다윗이 왕이 되었습니다. 사무엘하 5장 4절에서 5절입니다.

—— **다윗이 나이가 삼십 세에 왕위에 올라 사십 년 동안 다스렸으되 헤브론에서 칠 년 육 개월 동안 유다를 다스렸고 예루살렘에서 삼십삼 년 동안 온 이스라엘과 유다를 다스렸더라**(삼하 5:4-5)

다윗은 처음에 유다 족속의 왕이 되어 헤브론에서 7년 반을 지냈습니다. 그리고 예루살렘으로 올라가서 이스라엘을 포함하여 모든 지파를 다스렸습니다. 헤브론은 하나님과 교제하는 자리입니다. '예루살렘'이라는 지명의 뜻은 '평화의 터전'입니다. 다윗이 하나님과 7년간 교제하면서 그것을 일상화한 다음에 이스라엘 역사에서 평화의 터전을 일굴 수 있었다는 것입니다.

여러분, 인간의 역사에는 두 줄기 흐름이 있습니다. 한 줄기 흐름은 소돔의 흐름입니다. 지금 이 시대도 마찬가지입니다. 소돔의 흐름은 항상 화려해 보입니다. 멋집니다. 그 속에는 환락이 있습니다. 쾌락이 있습니다. 번영이 있습니다. 그러나 그 흐름을 좇아가다 보면 마지막은 파멸입니다. 또 하나의 흐름은 헤브론의 흐름입니다. 미천해 보입니다. 보잘것없어 보입니다. 별 볼일 없어 보입니다. 그러나 그 종말에 가면 평화의 터전이 일구어지고 하나님과 영원한 관계가 확립됩니다.

여러분은 지금 어느 흐름을 타고 있습니까? 오늘 이 시간을 기점으로 우리가 어디에서 살고 무엇을 하든 그 자리를 하나님과 교제하는 헤브론으로 승화시키십시다. 그 순간부터 여러분들은 이 세상을 평화의 터전으로 일구는 진정한 하나님의 사람이 되고, 여러분의 모임은 행회가 될 것입니다. 기도하겠습니다.

> 하나님, 우리가 어느 곳에 살고 있든지 우리가 살고 있는 곳이 하나님과 뜨겁게 교제하는 헤브론이 되게 해주십시오. 그리하여 날마다 우리 자신을 부인하는 가운데 하나님의 말씀에 순종하는 행회가 되게 하여 주옵소서. 그리하여 우리가 만나는 모든 사람과의 관계에서 평화가 일구어지게 하시고, 우리를 통해 이 시대의 역사 속에 이루시려는 주님의 뜻이 아름답게 결실되어져 가게 하여 주옵소서. 예수님의 이름으로 기도드립니다. 아멘.

말씀, 그리고 사색과 결단 4

참된 교회에 대하여

Words, Contemplation and Decision Ⅳ

지은이 이재철
펴낸곳 주식회사 홍성사
펴낸이 정애주
국효숙 김의연 박혜란 손상범
송민규 오민택 임영주 차길환

2024. 7. 19. 초판 1쇄 인쇄 2024. 7. 30. 초판 1쇄 발행

등록번호 제1-499호 1977. 8. 1.
주소 (04084) 서울시 마포구 양화진4길 3 전화 02) 333-5161 팩스 02) 333-5165
홈페이지 hongsungsa.com 이메일 hsbooks@hongsungsa.com
페이스북 facebook.com/hongsungsa
양화진책방 02) 333-5161

ISBN 978-89-365-0394-9 (04230)
ISBN 978-89-365-0559-2 (세트)